...denn ihr werdet lachen
<small>Lukas 6,21</small>

Witze über Gott und die Welt

Gesammelt von Kurt Rainer Klein

INHALT

GÖTTLICHES 3

BIBLISCHES 5

RELIGIÖSES 9

WELTLICHES 15

MENSCHLICHES 21

SÜNDIGES 31

LÄCHERLICHES 37

GEISTLICHES 45

MEDIZINISCHES 49

EWIGES 55

GÖTTLICHES

Ein Mann darf Gott drei Fragen stellen:
Mann: Wie lange dauern für dich eine Millionen Jahre?
Gott: Nur eine Sekunde mein Sohn.
Mann: Und wie viel ist für dich eine Millionen Euro?
Gott: Nur ein Cent mein Sohn.
Mann: Könnte ich dann mal bitte eine Millionen Euro haben?
Gott: Klar, warte mal ne SEKUNDE.

Fritz wird in der Schule gefragt: "Wo wohnt Gott?"
Da Kommt die Antwort: "Im Badezimmer".
"Wieso im Badezimmer?"
Jeden morgen steht mein Vater davor, klopft an die Türe und sagt:
"Herrgott bist du immer noch hier drinnen"

Gott verfasste die 10 Gebote

und will sie unter die Leute bringen. Er fährt auf die Erde und landet irgendwo in Arabien. Dort trifft er auf einen Beduinen, sie kommen ins Gespräch und Gott fragt: "Hast du Interesse an Geboten".
"Gebote, was sind das, kannst du mir ein Beispiel sagen?"
"Ja, zum Beispiel Du sollst nicht töten!"
"Du hast sie nicht alle. Ich bin Beduine und lebe davon Kaufleute zu überfallen. Und wenn die nicht zahlen, muss ich sie umbringen. Kein Interesse an Geboten, troll dich."

Gott ist schwer enttäuscht und fährt weiter nach Ägypten. Dort trifft er einen Fellachen und preist seine Gebote an. Auch der will ein Beispiel hören. Nun denkt Gott, mit dem "Du sollst nicht töten" klappte es nicht, also brachte er als Beispiel: "Du sollst nicht stehlen."
Darauf der Ägypter: "Du bist verrückt, wir leben hier von den Touristen, du glaubst ja nicht im Ernst, dass die uns das geben, was uns zusteht. Wenn ich nicht klaue, wie soll ich da meine Familie ernähren? Kein Interesse, troll dich!"

Gott ist noch mehr enttäuscht, aber er versucht es ein letztes Mal in Palästina. "Hallo, ich bin Gott Vater!" – "Hallo, ich bin Moses."
"Ah ja, schon gehört. Du ich habe Gebote, hast du Interesse?"
"Gebote, was kosten die?" – "Die kosten nichts."
"Nichts! Und wie viele hast du!" – "Zehn".
"Zehn Gebote, und die kosten nichts?" – "Ja"
"Her damit, her damit."

Vor kurzem hat der amerikanische Präsident George W. Bush beim

lieben Gott angefragt, bis wann das Terroristenproblem gelöst sei. Der liebe Gott antwortete ihm, das würde noch etwa 5 Jahre dauern. Daraufhin Bush: Oh, schade. Da bin ich nicht mehr da.

Kurze Zeit später machte auch der russische Präsident Wladimir Putin bei dem lieben Gott eine Anfrage. Er wollte wissen, bis wann die russische Regierung die Alkoholprobleme in der Bevölkerung in den Griff bekommen würde. Der liebe Gott antwortete, das könnte noch etwa 10 Jahre dauern. Wladimir Putin bedauerte, dass es so lange dauern würde und sagte: Oh, schade. Da bin ich nicht mehr da.

Noch später versuchte es auch Bundeskanzlerin Angela Merkel mit einer Anfrage beim lieben Gott. Sie fragte, wie lange die Bundesregierung benötigen wird, bis die Wirtschafts- und Finanzfragen in Deutschland geklärt seien. Aber der liebe Gott winkte ab und meinte: Oh! Da bin ich nicht mehr da!

BIBLISCHES

„**Im Alten Testament heißt es 'Auge um Auge, Zahn um Zahn'**", erklärt der Religionslehrer, „während uns aber Jesus hingegen lehrt: Liebet euren Feind!"
„Also", erkundigt sich Franz, "bevor ich ihm das blaue Auge geschlagen habe – oder erst danach?"

Der Bischof predigt bei einer Versammlung über die Geschichte des Propheten Jona.
„Glauben Sie denn wirklich", zweifelt einer der Zuhörer, „dass Jona vom Wal verschlungen wurde und drei Tage in seinem Bauch gelebt hat?"
„Ich will Jona fragen", antwortet der Bischof dem Zweifler, „sobald ich in den Himmel komme."
„Falls er dort ist!", stichelt der Ungläubige.
„Falls nicht, können ja Sie ihn fragen!", meint der Bischof ruhig.

„**D**enn eher geht ein Kamel durch ein Nadelöhr, als dass ein Reicher in das Reich Gottes gelangt", zitiert der Pfarrer im Religionsunterricht aus dem Lukasevangelium und versucht den Schülern, das Gleichnis verständlich zu machen.
„Hat schon einer von euch ein echtes Kamel gesehen? Ich selbst bin über 1,80 Meter groß. Glaubt ihr, ist so ein Tier größer oder kleiner als ich?"
„Also, ich glaube nicht, Herr Pfarrer", antwortet ein Schüler, „dass es ein größeres Kamel als Sie gibt!"

Hansi ist böse auf seinen Religionslehrer, weil dieser ihm bei der Weihnachtsfeier nur die Rolle des Wirten gegeben hat. Er beschließt, sich zu rächen. Bei den Proben läuft alles gut, doch bei der Weihnachtsfeier hört man: "Wer klopfet an?"
"Oh zwei gar arme Leut'"
"Was wollt ihr hier?"
"Oh gebt uns Herberg heut'"
"Ja, klar Leute, kommt rein und soll ich auch die Hebamme bestellen?"

Beim ersten gemeinsamen Weihnachtsfest eines jungen Paares liest die Frau unter dem Weihnachtsbaum feierlich eine Weihnachtsgeschichte vor:
„Es war einmal im Advent, als Petrus im Himmel einen Engel beauftragte, auf die Erde zu fliegen und alle unehrlichen Menschen zu zählen. Völlig übermüdet kam der Engel am vierten Adventssonntag zurück in den Himmel und meldete sich bei Petrus: ‚Das gelingt mir allein unmöglich bis zum Weihnachtsfest, es sind viel zu viele, da brauche ich unbedingt Hilfe.' Da aber zu dieser Zeit natürlich alle Engel viel zu beschäftigt waren, konnte Petrus ihm keine Mitarbeiter zur Verfügung stellen. ‚Wie wäre es', fragte der kluge Engel, ‚wenn ich stattdessen alle ehrlichen Menschen zähle? Das geht wesentlich schneller!' Petrus stimmte zu – und einen Tag später brachte ihm der fleißige Engel eine Liste mit allen ehrlichen Menschen auf der Erde. Petrus las sich die Liste durch und zur Belohnung fand jeder, der dort aufgeschrieben war, unter dem Weihnachtsbaum ein Päckchen direkt aus dem Himmel."
„Ich würde gern wissen", überlegte der junge Ehemann, „was Petrus da wohl verschenkt hat?" „Ach", erwiderte seine Frau, „dann hast du also auch kein Päckchen bekommen?"

„**D**u sollst mein Volk aus Ägypten herausführen!",
sprach der Herr zu Mose, "In welches Land willst du es bringen?"
Mose, der der Überlieferung nach etwas stotterte, antwortete:
„I-Ich wi-will nn.. nachh Ka-ka-ka..."
„Also, dieses Land ist heiß und dürr und von Feinden umgeben, aber
wenn du nach Kanaan willst, will ich euch auch dorthin führen!",
sprach der Herr.
„Ach, diese lästige Stotterei!", ärgerte Mose sich im Stillen, „eigentlich
wollte ich doch nach Kalifornien!"

Warum sind die Israelis auf Mose nicht gut zu sprechen?
Er führte das Volk Israels nach vierzigjähriger Wanderung
durch die Wüste in das einzige Land des mittleren Ostens,
in dem kein Öl fließt.

Ja, auch Jesus hatte Kreuzprobleme!

In der Religionsstunde fragt der Lehrer:
„Wie lange waren Adam und Eva im Paradies?"
Simone: „Bis zum Herbst!" „Wieso bis zum Herbst?"
„Ist doch klar - weil dann die Früchte reif sind!"

Die Lehrerin fragt: „Stimmt es, dass alle Lebewesen, die Flügel haben,
Eier legen?" Darauf antwortet Susi: „Nein, Engel legen keine Eier!"

Beim letzten Abendmahl kam der Kellner und fragte:
„Alles zusammen?" und Judas sagte: „Nein, bitte getrennt!"

„**W**er war der erste Taxifahrer?" – „Schlimmes." – „Wieso Schlimmes?!"
„Na, das steht doch schon in der Bibel: Und schlimmes wird euch wi(e)
derfahren..."

Maria und Josef suchen in Bethlehem eine Herberge.
Wirt: "Tut mir leid; nichts frei, alles belegt."
Josef: "Aber siehst Du denn nicht, dass mein Weib
schwanger ist?!"
Wirt : "Ja und? Kann ich denn was dafür?"
Josef: "Ja ich etwa?"

BIBLISCHES

In der Wüste. Zwei Staubwolken, eine vorne und eine weiter hinten.
Die erste Staubwolke; Moses mit den Israeliten.
Die zweite: Die Ägypter, die sie verfolgen.
Die Israeliten erreichen das Meer. Moses ruft laut: „Joshua, Joshua?"
Joshua, der PR-Experte von Moses, kämpft sich durch die Reihen und steht schließlich vor Moses. „Wo sind die Boote, die Du bestellen solltest?"
Joshua fällt verzweifelt auf die Knie: „Um Gottes willen, das habe ich komplett vergessen!"
Moses ist sehr erregt und sagt: „Und was soll ich jetzt tun? Soll ich auch auf die Knie fallen und Gott bitten, dass er das Meer teilt, wir trockenen Fußes hinübergehen können, und wenn dann die Feinde kommen, schlägt das Meer über ihnen zusammen und ertränkt sie? Oder was denkst Du, was wir jetzt noch tun können?"
Joshuas Augen beginnen zu leuchten: „Wenn Du das schaffst, dann garantiere ich Dir zwei ganze Seiten im Alten Testament."

Zwischen einem Ordensbruder der Dominikaner und einem Jesuiten ("Gesellschaft Jesu") entbrennt eine Diskussion über die Qualität ihrer Predigten. „Wir von Predigerorden können über jedes beliebige Thema aus dem Stand predigen", behauptet der Dominikaner. „Gut", antwortet der Jesuit, „du kannst morgen vor dem gesamten Kolleg unserer Ordensgemeinschaft "Gesellschaft Jesu" eine Predigt halten, wirst das Thema aber erst erfahren, wenn du auf der Kanzel stehst."
Am nächsten Tag findet der Dominikaner einen Briefumschlag auf der Kanzel und darin einen Zettel mit dem Thema seiner Predigt: ‚Was sich das Jesuskind in der Krippe dachte'.
„Was können also die Gedanken des Jesuskindes in der Krippe gewesen sein?", beginnt er zu predigen, „Nachdem es zuerst Maria und Josef erblickt hatte, sah es sich weiter um. Da fiel sein Blick auf einen Ochsen und einen Esel und es dachte sich: ‚So sieht also die Gesellschaft Jesu aus?!'"

Ein Theologieprofessor lädt seine Studenten zum Umtrunk ein.
Charmant fragt er bei der Bestellung die junge Kellnerin nach ihrem Namen. „Rebekka!"
„Rebekka!", lächelte der Professor wohlwollend, „ein biblischer Name – Sie kennen doch sicher die Stelle: ‚Das Mädchen war sehr schön.'"
„Und sie war ledig; noch kein Mann hatte sie erkannt", ergänzte einer der Studenten frech.
„Aber selbstverständlich, Herr Elizier!", wandte sich das Mädchen daraufhin an den Professor, „trinken Sie nur – und natürlich will ich auch dafür sorgen, dass Ihre mitgebrachten Kamele zu trinken haben."

BIBLISCHES

RELIGIÖSES

Der zukünftige Dorfpfarrer kommt das erste Mal in seine neue Pfarrei und bittet einen kleinen Jungen, ihm den Weg zur Kirche zu zeigen. Nachdem der Bub ihm die Route erklärt hat, bedankt sich der Priester mit den Worten: "Da du mir so freundlich den Weg zur Kirche gezeigt hast, werde ich dir am Sonntag beim Kindergottesdienst den Weg zum Himmel zeigen."
„Ach", bezweifelt das der Junge ungläubig, „Sie wollen den Weg zum Himmel kennen, aber den zur Kirche kennen Sie nicht?"

Kommunion:
"Der Leib Christi... der Leib Christi... der Lei-"
"Äh, könnte ich ein Stück von der Dornenkrone haben – ich bin Vegetarier!"

Auch bei der Neuübersetzung der Zürcher Bibel
wurde der Gottesname wie bisher mit „der Herr" wiedergegeben.
Das inspirierte eine feministische Lesegruppe zu einem offenen Brief,
in dem die Frauen gegen übersetzungsbedingte Diskriminierungen
protestierten.
Um die Frauen als Kunden nicht zu verlieren, versuchte der Verlag der
feministischen Perspektive gerecht zu werden, indem jeder noch nicht
verkauften Neuübersetzung ein Korrekturverzeichnis beigelegt wurde.
Auf diesem Errata-Zettel wurden die Leserinnen gebeten:
Bitte ersetzen Sie „der Herr" durch „die Dame" und „Seine Herrlichkeit"
durch „Ihre Dämlichkeit".

Zu Beginn der Heiligen Messe spricht der Priester die
Worte aus dem Taufauftrag Christi ins Mikrofon:
"Im Namen des Vaters und des Sohnes und des
Heiligen Geistes."
Ein einstimmiges „Amen", erklingt folgerichtig aus
den Kirchenbänken.
Ein leises Knistern ist zu hören und der Priester murmelt:
„Da ist wohl was mit dem Mikrofon nicht in Ordnung."
Sofort die routinierte Antwort der frommen Gläubigen:
"Und mit deinem Geiste!".

Frage des Religionslehrers:
"Franz, gibt es bei dir daheim ein Abendgebet?"
"Ja, das macht immer meine Mutter!"
"Und was sagt sie?"
"Gott sei dank, dass der Bub im Bett ist!"

Der Theologe Karl Rahner beeinflusste mit seiner Theologie nicht nur
das Zweite Vatikanische Konzil maßgeblich, sondern illustrierte auch die
Wirkungsbedeutung von Dogmen eindringlich, indem er sie wie folgt
beschrieb:
  „Dogmen haben die gleiche Aufgabe wie Laternen in der Nacht.
  Sie dienen einzig dazu, einem den richtigen Weg zu erleuchten.
  Nur Betrunkene, die Halt suchen, klammern sich an sie."

In der Baptistengemeinde wird ein neues Taufbecken eingeweiht.
Im Rahmen eines feierlichen Gottesdienstes freut sich die gesamte Gemeinde. Ein älterer Herr betet im Gottesdienst voller Inbrunst: "Herr, wir danken dir für das neue Taufbecken. Das alte konnte das Wasser ja nicht mehr halten..."

Die Mutter ermahnt die kleine Susi:
"Wenn du jetzt nicht betest, bist du kein Gotteskind!"
Darauf antwortet Susi trotzig:
"Und du bist ja auch keine Gottesmutter!"

Gerda Meier ist schon über 80 und Zeit ihres Lebens evangelisch.
Eines Tages erscheint sie bei ihrem Pfarrer und sagt: "Ich möchte gern konvertieren und katholisch werden!"
Der Pfarrer ist verwirrt: "Aber liebe Frau Meier - warum denn das?" "Nun", sagt Frau Meier, "ich bin schon alt, mein Leben geht zu Ende, und da hab ich mir gedacht: Besser einer von denen stirbt, als einer von uns!"

Der Dorfpfarrer setzt sich zu Tisch und beginnt zu essen,
ohne sein übliches Tischgebet gesprochen zu haben.
Als ihn seine Frau darauf aufmerksam macht, meint er nur:
"Über allem, was sich auf diesem Tisch befindet,
wurde schon mindestens dreimal der Segen gesprochen!..."

Während der Predigt bei der Sonntagsmesse
stößt die Frau ihren Ehemann in die Seite und flüstert ihm aufgeregt ins Ohr: „Unglaublich, neben Dir ist einer eingeschlafen!"
Der Mann zuckt zusammen und zischt wütend:
„Und deshalb weckst du mich?"

Der Herr Pfarrer erzählt im Erstkommunionsunterricht von der Auferstehung Jesu Christi.
„Da hat sich der auferweckte Jesus also als Erstes einer Gruppe von Frauen gezeigt."
„Na klar", unterbricht der neunjährige Peter eifrig, „er wollte schließlich, dass alle die Geschichte so schnell wie möglich erfahren!"

RELIGIÖSES

Der Pfarrer kann den Termin bei seinem Dekan nicht einhalten. Er meldet sich telefonisch und erklärt verzweifelt: „Eigentlich ist die Trauung schon lange vorbei, aber die Hochzeitsgäste stehen immer noch im Gemeindehaus und gehen einfach nicht! Was soll ich tun?"
„Geben Sie Feueralarm!", rät der Dekan.
„Das habe ich versucht, aber sie sind trotzdem nicht gegangen!"
„Probieren Sie es mit ‚Haltet den Dieb!'"
„Auch das hat nicht geholfen – sie sind immer noch da!"
„Ja, dann", seufzt der Dekan, „bei so viel Hartnäckigkeit müssen Sie zu rigoroseren Mitteln greifen:
Gehen Sie durch und beginnen Sie mit einer Kollekte!"

„**H**ochwürden", beklagt sich ein Tourist beim Dorfpfarrer, „ich habe nach dem Gottesdienst meinen Schirm in der Kirche vergessen und jetzt ist er nicht mehr da!"
„Ja, natürlich,", erklärt ihm der Pfarrer, „Sie müssen wissen, die Leute bei uns sind sehr gläubige Menschen – also bei dem Regen wird mindestens ein Gemeindemitglied den Schirm als Beweis dafür genommen haben, dass Gott seine Gebete erhört hat."

Wusstet ihr schon, dass damals beim letzten Abendmahl schon 2 Türken dabei waren??
Na, der Nehmet und der Esset!!!

Eine ältere Dame kramt während des Sonntagsgottesdienstes nach Münzen für die Kollekte. Plötzlich fällt klappernd ein künstliches Gebiss aus ihrer Handtasche. Auf den irritierten Blick ihres Banknachbarn erklärt sie lächelnd: „Die Zähne meines Gatten – damit auch nachdem ich in der Messe war, noch was vom Sonntagsbraten übrig ist!"

Der Theologieprofessor spricht über Berufsperspektiven und fragt den Studenten im ersten Semester nach seinen Vorstellungen: „Ich will als Beamter des Oberkirchenrates in der Kirchenverwaltung arbeiten!"
„Sind Sie denn wahnsinnig?"
„Warum? Ist das die Voraussetzung?"

RELIGIÖSES

Obwohl das Kirchendach sehr renovierungsbedürftig ist, versucht ein schottischer Pfarrer vergeblich, von seinen sparsamen Gemeindemitgliedern Spenden für die Reparatur zu bekommen – bis an einem Sonntag ein von der Decke abbröckelndes Stück Putz den Kopf des Gemeindevorstehers trifft. Sofort spendet der Mann fünf Pfund für die Instandsetzung des Dachs.
Als sich der Herr Pfarrer am darauf folgenden Sonntag auf den Gottesdienst vorbereitet, betet er mit Blick zum Himmel leise: „Allmächtiger Herr, bitte – triff heute jeden einzelnen!"

Ein Pastor hatte vor seiner ersten Predigt Lampenfieber.
Er fragte seinen Apotheker, was er dagegen tun könnte.
Der Apotheker riet ihm, vor dem Spiegel zu üben und zur Beruhigung einen Schnaps zu trinken, und zwar immer dann, wenn er das "Zittern" bekäme.
Nachdem der Pastor 17 mal gezittert hatte, bestieg er die Kanzel.
Nach Beendigung der Predigt verließ der Pastor, unter anhaltendem Beifall, die Kanzel und fragte den Apotheker, was er von seiner pastoralen Predigt hielt.
Der Apotheker lobte den Pastor und erklärte ihm, dass er leider zehn Fehler begangen habe:

1. Eva hat Adam nicht mit der Pflaume verführt, sondern mit dem Apfel
2. Kain hat Abel nicht mit der MP erschossen, sondern er hat ihn erschlagen
3. Dann heißt es nicht "Berghotel", sondern "Bergpredigt"
4. Jesus ist nicht auf dem Kreuzzug überfahren worden, sondern ist ans Kreuz geschlagen worden
5. Gott opferte nicht seinen Sohn den Eingeborenen, sondern seinen eingeborenen Sohn
6. Dann war es nicht der warmherzige Bernhardiner, sondern der barmherzige Samariter
7. Es heißt nicht: "Sucht mich nicht in der Unterführung", sondern: "Führe mich nicht in Versuchung"
8. Dann heißt es nicht: "Dem Hammel sein Ding", sondern: "Dem Himmel sei Dank
9. Dann heißt es nicht: "Jesus, meine Kuh frisst nicht", sondern: "Jesus, meine Zuversicht"
10. Und am Schluss heißt es nicht: "Prost", sondern: "Amen".

RELIGIÖSES

Wie Gott im Himmel mit der Umstellung der DM auf den EUR umging:

Als das 1-Pfennigstück an der Himmelspforte anklopfte wurde es sofort in den Himmel eingelassen. Gleiches widerfuhr dem 2-, dem 5-, dem 10- und dem 50-Pfennigstück.

Als das 1- und 2-Markstück um Einlass baten ging es etwas langsamer durch die Himmelspforte und so erging es auch dem großen glänzenden 5-Markstück.

Als der 10-, 20-, 50-, 100-, 200-, 500- und 1000-Markschein gleichfalls Einlass begehrten schloss Petrus abrupt die Himmelspforte.

Da beschwerten sich die DM-Scheine bei Gott und wollten wissen, weshalb ihnen der Zugang zum Himmel verwehrt wird!

Da antwortete Gott:
"Euch habe ich niemals in der Kirche gesehen und somit kenne ich Euch auch nicht"

Nach der Messe bemängelt der Vater den Gottesdienst:
„Die Predigt des Pfarrers war ebenso lang wie langweilig, der Organist hat schlecht gespielt und der Chor ebenso schlecht gesungen!"
„Aber Vati", wendet der kleine Sohn ein, „die Vorstellung war doch gar nicht so schlecht für die zwanzig Cent Eintritt, die du in den Opferstock geworfen hast!"

WELTLICHES

Aus einem kleinen Ort gehen der Pfarrer, ein Oberstufenlehrer und ein Lokalpolitiker gemeinsam wandern. Es ist sehr heiß und sie beschließen, sich in einem kleinen Teich im Adamskostüm rasch abzukühlen.
Kaum baden sie im Wasser, kommt die Frauen-Wandergruppe des Ortes den Weg entlang. Um peinliche Momente zu vermeiden, springen sie rasch aus dem Teich und laufen ins Gebüsch, um sich zu verstecken. Während der Oberstufenlehrer und der Lokalpolitiker dabei beide Hände vor ihre Blöße halten, verbirgt der Pfarrer sein Gesicht.
Im Gebüsch kauernd, fragen Lehrer und Politiker den Pfarrer verwundert, warum er die Hände denn vor das Gesicht gehalten habe. „Wie auch immer das bei euch beiden ist", antwortet dieser, „ich werde von meinen Gemeindemitgliedern am Gesicht erkannt!"

Warum küßt der Papst nach jedem Flug die Erde?
Kann auch nur jemand wissen, der schon mal mit Alltalia geflogen ist...

WELTLICHES

Das ganze Geschehen liegt schon einige Jahre zurück. **Der Papst ist auf Deutschlandbesuch** und gibt ein Essen für höchste kirchliche und staatliche Vertreter. Zu seiner Rechten sitzt Kardinal Höffner als höchster kirchlicher Vertreter und zu seiner Linken Richard von Weizsäcker als Bundespräsident. Einen Platz weiter neben von Weizsäcker sitzt Helmut Kohl.
Vor dem Papst, und nur vor dem Papst, liegt ein wunderschönes altes Essbesteck aus dem vatikanischen Museum. Vor allem die kleinen Dessertlöffel, derer drei, haben es sowohl Helmut Kohl als auch Richard von Weizsäcker angetan.
Der Papst redet gerade mit Kardinal Höffner bezüglich der Besetzung eines Bischofsstuhls mit einem Kandidaten rechter Gesinnung. Kohl und Weizsäcker tuscheln wegen dieser einfach wunderschönen kleinen Löffel. Es wäre zu schön, einen dieser Löffel als Andenken bekommen zu können. Allerdings besteht kein Zweifel, dass wohl selbst der Papst nicht über diese Wertgegenstände des vatikanischen Museums verfügen kann. Richard von Weizsäcker beginnt den Papst zu beobachten, der weiterhin im intensiven Gespräch mit Höffner versunken ist. In einem Moment, in dem der Papst tief in Gedanken absorbiert erscheint, greift von Weizsäcker – trotz seiner sonstigen Integrität – hinüber und nimmt sich einen dieser Löffel. Er steckt ihn in aller Ruhe in seine linke Hosentasche und blinzelt Helmut verschmitzt zu.
Der findet dies allerdings gar nicht so lustig. Der sonst so zurückhaltende Richard hat einen dieser Löffel, und er nicht. Er hat allerdings genau beobachtet, wie es Weizsäcker angestellt hat. Es blieb ihm nicht verborgen, dass dieser einen kurzen Trancemoment des Papstes genutzt hatte.

Auch Kohl beobachtet nun den Papst. Und in der Tat, einen Moment lang wirkt der Papst wieder total abwesend, und Helmut greift blitzschnell über Weizsäcker hinweg … aber – er stößt an Weizsäckers Weinglas, und alle Blicke richten sich auf Kohl. Wohl oder übel muss er eine Tischrede halten.
Eine ganze Zeit später ergibt sich erneut eine Gelegenheit, und Kohl greift wieder blitzschnell – und kommt wieder an das Glas. Routiniert hält er eine zweite Rede.
Er weiß, dass er diese Strategie nicht noch einmal riskieren kann.
Er grübelt und grübelt. Schließlich entspannen sich seine Gesichtszüge.
Er wendet sich an den Papst und bringt das Gespräch auf Hobbies.
Er weiß, dass sowohl der Papst als auch Weizsäcker Sportfans sind. So wird eine ganze Weile über die sportlichen Fähigkeiten des Papstes geredet.

Wie von Kohl erwartet, fragt der Papst irgendwann zurück:

„Treiben Sie auch Sport, Herr Bundeskanzler, oder was sind Ihre Hobbies?"
„Oh ja", sagt Kohl, und er triumphiert innerlich schon, „oh ja, ich habe in meiner Jugend in Ludwigshafen Fußball gespielt. Aber mein eigentliches Hobby war das Zaubern."
„Ach ja?", sagt der Papst erstaunt. „Können Sie denn noch was von damals?"
Kohl erwidert: „Viel vermutlich nicht mehr."
Nicht nur der Papst, auch Höffner, Weizsäcker und die anderen ermutigen Helmut Kohl, doch etwas aus dem Repertoire von damals zu versuchen. Er willigt unter der Bedingung ein, nur einen Trick zu zeigen. Er beginnt: „Also! Ich nehme mir jetzt zum Beispiel einen dieser kleinen, wunderschönen Löffel, die vor mir liegen. Ich stecke mir jetzt diesen Löffel deutlich sichtbar in meine Jackettinnentasche. Und wo hole ich den Löffel wieder heraus? Hier beim Herrn Bundespräsidenten aus der Hosentasche..."

Bei einem Flugzeugabsturz mitten im afrikanischen Dreiländereck kann sich ein junger Mann gerade noch mit dem Fallschirm retten.
Sein Schirm verheddert sich aber in einem hohen Baum und er bleibt hilflos zehn Meter über dem Erdboden hängen.
Nach langer Zeit kommt endlich ein Mann auf einem Trampelpfad an der Unglücksstelle vorbei.
Der Pilot ruft von oben: „Helfen Sie mir doch bitte – wo bin ich hier eigentlich?"
Mit einem prüfenden Blick nach oben antwortet der andere: „Etwa zehn Meter über der Erde in den Ästen eines Baumes!"
Der junge Mann seufzt: „Vielen Dank – Sie sind sicher Theologe!"
„Ja – aber wie kommen Sie darauf?"
„Das ist eindeutig an Ihrer Antwort zu erkennen: sie ist vollkommen richtig – aber überhaupt nicht hilfreich!"

Frage   ?

Warum haben die Ostfriesen Bonifatius beseitigt?

Antwort: Weil es ihnen in der Hölle besser gefällt als in Ostfriesland!

WELTLICHES

Im Himmel wird der diesjährige Betriebsausflug geplant. Man weiß aber nicht so recht, wohin man fahren soll. Erste Idee: Betlehem. Maria ist aber dagegen. Mit Betlehem hat sie schlechte Erfahrungen gemacht: Kein Hotelzimmer und so. Nein, kommt nicht in Frage. Nächster Vorschlag: Jerusalem. Das lehnt Jesus aber ab. Ganz schlechte Erfahrungen mit Jerusalem!!!
Nächster Vorschlag: Rom. Die allgemeine Zustimmung hält sich in Grenzen, nur der Heilige Geist ist begeistert: „Oh toll, Rom! Da war ich noch nie!!!!"

Ostberlin, Mitte der siebziger Jahre: Ein Offizier der Volkspolizei beobachtet im Park einen alten Mann, der ganz vertieft in einem Buch in fremder Schrift liest. „Was lesen Sie denn in dieser fremden Schrift?", stellt er den Mann zur Rede. „Das ist Hebräisch!", erklärt der Alte, „das spricht man in Israel." „Wozu? Nach Israel werden Sie wohl kaum ausreisen dürfen!", wundert sich der Offizier. „Ja, aber Hebräisch ist auch die Sprache des Himmels!", weiß der alte Mann. „Und was wollen Sie machen, falls Sie in die Hölle kommen?", fragt der andere provokant. „Ach", beruhigt ihn der Alte, „dort habe ich ja dann ohnehin kein Verständigungsproblem – „Russisch habe ich ja bereits in meiner Schulzeit gelernt!"

Ein Missionar in Afrika hatte sich in den Kopf gesetzt, einen besonders wilden Stamm zu missionieren. Das in jenen Tagen stationierte Kolonialheer warnte ihn mehrmals vergebens. Er musste die Botschaft einfach zu diesen Leuten tragen.
Der Kommandant des Militärstützpunktes sagte ihm zum Abschied, dass sie zur Suche ausrücken würden, wenn er nach zehn Tagen nicht zurück sei. Die zehn Tage vergingen, und er war natürlich nicht zurück.
Der Militärkommandant hatte das befürchtet und er gab den Befehl zum Ausrücken. Je näher die Truppe an jene Eingeborenensiedlung heranrückte, desto stärker hörte man Trommeln. Offensichtlich war ein großes Fest im Gange. Die Truppen schlichen im Schutz der Dunkelheit näher und erkannten, dass der Missionar mit einer Lanze durch den Bauch am Marterpfahl befestigt war. Die Soldaten feuerten eine Salve in die Luft, und alle Eingeborenen schlugen sich in die Bresche.
Der kommandierende Offizier näherte sich dem Missionar. Einfühlsam – wie hohe Militärs sind – erkundigte er sich: „Das tut sicher schrecklich weh." Der Missionar antwortete: „Eigentlich nur, wenn ich lache."

Kommt ein Unterhändler von Coca-Cola in den Vatikan und bietet 100.000$, wenn das "Vater unser" geändert wird, dass es heißt: "Unser täglich Coke gib uns heute". Der Sekretär lehnt kategorisch ab. Auch bei 200.000 und 500.000 $ hat der Vertreter keinen Erfolg. Er telefoniert mit seiner Firma und bietet schließlich 10 Millionen. Der Sekretär zögert, greift dann zum Haustelefon und ruft den Papst an: "Chef, wie lange läuft der Vertrag mit der Bäckerinnung noch?"

Der Bischof soll einen Besucher empfangen, ist aber sehr beschäftigt. Als sich die Tür öffnet, weist er, ohne aufzublicken, auf einen Besuchersessel: „Nehmen Sie diesen Stuhl!" Minuten vergehen, der Gast räuspert sich ungeduldig: „Eure Exzellenz, ich bin der Fürst von Thurn und Taxis." Der Bischof: „Na dann – nehmen Sie zwei Stühle!"

Ein Sohn fragt seinen Vater: „Du, Papa, was ist eigentlich Berufsethik?" „Berufsethik", antwortet der Vater nachdenklich. „Das ist eine schwere Frage! Wie soll ich Dir das jetzt erklären? Nehmen wir mal an … Nehmen wir einfach mal an, es kommt ein Kunde in unser Geschäft. Der Kunde kauft etwas für 10 Euro und legt mir einen Hunderteuroschein hin. Aus seinem ganzen Verhalten merke ich, dass er nicht damit rechnet, etwas zurück zu bekommen. Er ist offensichtlich der Meinung, mir nur 10 Euro gegeben zu haben. Hier beginnt jetzt die Berufsethik! Teilen wir die 90 Euro mit unserem Geschäftspartner, oder behalten wir alles für uns?"

Ein 85-jähriger Mann heiratet eine 25-jährige Frau.
Nach einem halben Jahr ist die Frau schwanger. Der Mann geht zum Pfarrer, um Rat einzuholen. „Herr Pfarrer, was meinen Sie? Ist das Kind wohl von mir?"
Der Pfarrer antwortet: „Dazu muss ich Dir eine Geschichte erzählen: Ein älterer englischer Gentleman liebt die Großwildjagd. Er bucht eine Reise nach Afrika und geht dort auf die Jagd. Eines Morgens steht er früh auf und geht in den Dschungel auf die Pirsch. Mitten im Dschungel stellt er fest, dass er statt seinen Jagdgewehres seinen Regenschirm mitgenommen hat. Er hat nicht allzu viel Zeit, über seine Vergesslichkeit zu philosophieren. Plötzlich steht in unmittelbarer Nähe ein Löwe vor ihm, der unruhig mit seinem Schwanz peitscht. Reflexartig reißt der ältere Herr seinen Schirm hoch und legt an. Ein Knall ertönt, und der Löwe sinkt tot zu Boden."
Der Pfarrer schweigt und schaut dem 85-jährigen Frager ins Gesicht. Dieser meint schließlich: „Aber das kann doch nicht sein!? Da muss doch einer von der Seite geschossen haben!" Der Pfarrer sagt: „So sehe ich das auch."

Zwei Pastoren unterhalten sich:
„Mensch, hatte ich heute einen anstrengenden Tag: 2 Beerdigungen, 2 Einäscherungen und noch eine Kompostierung!"
„Wieso Kompostierung?"
„Na ja, die Grünen werden auch mal älter!"

Ein Mann kommt in ein Kreditinstitut im Zentrum Stuttgarts und erkundigt sich nach einem Sofortkredit über 2000 Euro für eine dringende Auslandsreise.
„In diesem Fall benötigen wir eine Sicherheit für diesen Betrag", erläutert der Bankbeamte. Der Mann legt Autopapiere und Mercedesschlüssel auf den Tisch.
Der Bankbeamte zahlt dem Mann ohne zögern 2000 Euro aus und nimmt dafür den Wagen in Gewahrsam.
Nach drei Wochen kehrt der Reisende zurück, zahlt seine Schulden und einen Zinsbetrag von 19,74 Euro und lässt sich die E-Klasse-Limousine wieder aus der Tiefgarage der Bank holen.
Während er darauf wartet, bedankt sich der Banker für die problemlose Geschäftsabwicklung und erkundigt sich neugierig: „Wir haben mittlerweile erfahren, dass Sie der Bischof sind. Wie kommt es, dass Sie sich für eine Reise Geld von der Bank leihen müssen, Eure Exzellenz?"
„Muss ich nicht", antwortet der Bischof lächelnd, „aber es gibt keine andere Möglichkeit, meinen Wagen drei Wochen neben dem Stuttgarter Hauptbahnhof zu parken – und das für knapp zwanzig Euro."

Frage ?

Welche politische Gesinnung hatten Adam und Eva?
Antwort: Sie waren die ersten Kommunisten im Realsozialismus – wer sonst könnte ein Leben ohne Kleidung und ohne eigene Wohnung für einen paradiesischen Zustand halten?

MENSCHLICHES

Fritz und Franz haben Nüsse geklaut. Um nicht entdeckt zu werden, schleichen sie in die gerade offen stehende Leichenhalle, um sie zu teilen. Vor der Tür verlieren sie noch zwei ihrer Nüsse. „Eine für Dich, eine für mich; eine für Dich, eine für mich", murmeln sie.
Der Küster kommt vorbei und hört den Sermon. Ihm sträuben sich die Haare. Er läuft zum Pfarrer: „Herr Pfarrer, in der Leichenhalle spukt es. Da handelt Gott mit dem Teufel die Seelen aus!" Der Pfarrer schüttelt nur den Kopf und geht mit dem Küster leise zur Leichenhalle.
„Eine für Dich, eine für mich; eine für Dich, eine für mich. So, das sind jetzt alle. Nun holen wir uns noch die beiden vor der Tür!"

Zur Adventszeit spricht der kleine Johannes wie immer vor dem Zubettgehen sein tägliches Abendgebet, als er plötzlich laut ruft: "Und ich bitte dich, liebes Jesuskind, bringe mir zu Weihnachten ein Fahrrad!"
„Du brauchst doch nicht so zu brüllen", beruhigt ihn die Mutter, „Jesus ist doch nicht schwerhörig."
„Aber der Opa schon!"

Der Herr Pfarrer beobachtet eine Ministrantin, die hingebungsvoll ein Hündchen streichelt. „Gehört der Kleine dir?", fragt er interessiert.
„Nein", seufzt das Mädchen, „leider lässt meine Mutter weder einen Hund noch eine Katze ins Haus!"
„Und", erkundigt sich der Pfarrer, „wie sieht das denn bei deinem Vater aus?"
„Ach", meint das Mädchen, „ja, den lässt sie schon rein!"

Schwimmt ein Pfarrer im Meer ganz allein.
Kommt ein Schiff vorbei da fragt der Kapitän, "Sollen wir dich retten?"
Darauf sagt der Pastor: "Ne, ne Gott wird mich retten!"
Kommt ein zweites Schiff vorbei und der Kapitän fragt wieder: "Sollen wir dich retten?"
Der Pfarrer meint aber wieder: "Nee, nee Gott wird mich retten!"
Der Pfarrer ist kurz vorm ertrinken.
Da kommt das dritte Schiff und der Kapiän fragt: "Sollen wir dich retten?"
Aber der Pastor sagt wieder: "Nee, nee Gott wird mich retten!"
Als er dann tot war und im Himmel war fragte er Gott: "Warum hast du mich nicht gerettet?"
Da sagte Gott: "Du Dödel, ich habe dir doch drei Schiffe geschickt!"

Der Pfarrer traut gerade ein Paar in der Kirche und sagt:
„Und hiermit erkläre ich euch zu Mann und Frau."
Da fragt der Bräutigam: „Und was waren wir vorher?"

Ein Schotte möchte die Sterbeanzeige für seine verstorbene Frau in der Zeitung veröffentlichen lassen.
Als er gefragt wird, was in der Anzeige stehen soll, sagt er: „Sarah ist tot".
Der Anzeigenverkäufer meint, dies sei nach 45 Jahren Ehe vielleicht ein wenig kurz.
Er macht darauf aufmerksam, dass drei Wörter in der Anzeige genau soviel kosten, wie sieben Wörter.
Der Schotte überlegt einen Moment und diktiert dann:
„Sarah ist tot – garagengepflegter Opel zu verkaufen".

In einem Eisenwarenladen steht ein großes Kreuz mit Jesus.
Darunter steht „Bolles Nägel sind Qualität". Kommt ein Pastor vorbei, sieht das Schaufenster und sagt zum Inhaber – so geht das nicht – er soll das umändern. 14 Tage später kommt der Pastor vorbei und sieht ein leeres Kreuz und Jesus liegt am Boden. Daneben ein Schild – „Mit Bolles Nägel wär das nicht passiert".

Gott fragte Adam, als der noch alleine im Garten Eden lebte: „Ist dir langweilig?" – Adam: „Ja"
Gott: „Ich weiß was du brauchst! Du brauchst eine Gefährtin. Eine hübsche, intelligente, liebevolle, humorvolle und gewitzte Gefährtin."
Adam: „Das wird bestimmt teuer."
Gott: „Ja Adam, es kostet dich ein Auge, ein Ohr, ein Bein und einen Arm."
Adam: „Das ist in der Tat teuer. Was gibt es denn für eine Rippe?"

Ein Mann betritt eine Buchhandlung. Er sucht, bis sich eine Verkäuferin seiner erbarmt. „Kann ich Ihnen helfen? Was Suchen Sie, bitte?" „Ich möchte eine Lektüre für einen Kranken." „Etwas Religiöses?" fragt die Verkäuferin. „Nein, nein, es geht ihm schon besser."

Bei uns wird am Tisch nicht gebetet, meine Mutter kann kochen!

Die kleine Julia darf zu Ostern das erste mal in die Kirche mit. Als die Messe aus war fragte der Vater die kleine Julia „Was hat dir am besten gefallen?" darauf Julia: "Wie alle gesungen haben Hallo Julia!!!"

Ein evangelischer und ein katholischer Pfarrer streiten sich darüber wann das Leben anfängt. Der eine meint, das Leben beginnt bereits bei der Zeugung der andere behauptet das Leben beginnt erst bei der Geburt. Da sie nicht so recht weiterwissen schlägt einer der beiden Pfarrer vor: Wir fragen die alte Frau dort auf der Parkbank um Rat! Gesagt – getan! Die alte Frau hat auch sofort die passende Antwort parat: Ihr wollt wissen wann das Leben anfängt? Das Leben fängt an sobald die Kinder aus dem Haus sind und der Alte unter der Erde ist!

MENSCHLICHES

Ein Rabbi hält in seinem Wohnzimmer regelmäßig als Dorfrichter Gerichtssitzungen ab. Eines Vormittags kommt ein höchst erregter Dorfbewohner und schildert die Untaten eines seiner Nachbarn.
Der Rabbi hört sich alles an und sagt am Ende: „Da hast Du aber recht."
Kaum zwei Stunden später taucht der Nachbar auf. Er schildert in allen Einzelheiten, was sich der andere alles hat zuschulden kommen lassen. Der Rabbi hört wiederum aufmerksam zu und sagt schließlich: „Da hast Du aber recht."
Die Frau des Rabbis, die aus der Küche das Geschehen mit verfolgt hat, betritt das Wohnzimmer und stellt ihren Mann zur Rede: „Sag mal, bist Du eigentlich noch bei Trost. Erst kommt die eine Seite, und Du sagst: „Da hast Du aber recht." Kurz darauf kommt die andere Seite, und auch da sagst Du: „Da hast Du aber recht." So geht das nicht! Das kannst Du doch im Ernst nicht machen!"
Der Rabbi denkt eine Weile nach und sagt: „Da hast Du aber recht."

Fragen ?

„Warum war es im Paradies so schön?"
Antwort:
„Weil es dort noch keine Schulen gab."

„Hast Du Jesus gefunden?"
Antwort:
„Ich wusste nicht einmal, dass er vermisst wurde."

Der Unterschied zwischen Gott und einem Pfarrer?
Antwort:
Gott weiß alles, der Pfarrer nur, was man ihm sagt!

Beim gemütlichen Abendessen in der Adventszeit sprechen die Eltern mit der sechsjährigen Tochter und dem fünfjährigen Sohn über Weihnachten und natürlich auch über die Geschenke. Da ja auch die Eltern ein Geschenk bekommen sollen, erkundigt sich das Mädchen nach deren Wünschen: „Was wünscht Ihr Euch denn zu Weihnachten?"
„Ich wünsche mir zwei ganz brave Kinder!", erwidert die Mutter. „Fein!", rufen die Kinder begeistert, „da sind wir ja dann zu viert!"

Frage an Radio Eriwan:
„Stimmt es, dass Adam und Eva die ersten Kommunisten waren?"
Antwort:
„Im Prinzip ja. Sie hatten nichts anzuziehen, keine eigene Wohnung und glaubten trotzdem, im Paradies zu sein."

Auf die Frage: „Hast Du Jesus gefunden?"
antwortet Isaac Asimov:
„Gott ist intelligenter als ich. Ich habe mich entschieden, er soll versuchen mich zu finden."

„**A**ber du hast ja ein blaues Auge! Wovon denn?", fragt der Schulfreund.
„Vom ‚Vater unser' beten!"
„Vom ‚Vater unser' beten?"
„Na ja, bei der Bitte „Erlöse uns von allem Übel" habe ich wohl zufällig Udo angeschaut."

Papst Johannes XXIII wurde gefragt:
„Wie viele Leute arbeiten denn eigentlich für den Vatikan?"
Die Antwort des Chefs: „Ich hoffe, die Hälfte."

Ein Christ macht eine größere Erbschaft. Er kennt nun seine armen Nachbarn nicht mehr. Deshalb erkundigt er sich bei einem Psychiater, was diese Wandlung zu bedeuten habe.
Antwort: „Solange der Mensch arm ist, blickt er in die Welt wie durch ein Fenster. Ist er aber reich geworden, dann scheint jemand hinter dieses Fenster Silberpapier geklebt zu haben. Nun erblickt der Reiche, wenn er aus dem Fenster sieht, immer nur sich selbst."

„**W**arum kommst du denn so spät?" fragt der Pfarrer vorwurfsvoll einen Ministranten, der erst ganz knapp vor Beginn der Morgenandacht in die Sakristei stürmt.
„Ich musste vorher noch eine furchtbar schwierige Aufgabe erledigen", erklärt der Junge.
„Was war denn so schwierig?"
„Aufstehen!"

MENSCHLICHES

Ein Patient sagte zum Augenarzt:
Ich habe das Gefühl, dass meine Sehkraft nachlässt.
Was sind Sie denn von Beruf? – Hellseher!

Ein altes Mütterlein trifft sich einmal die Woche mit ihren Freundinnen zum Kaffee-Klatsch. Es ist so üblich, dass jede der Freundinnen einmal eine Mehlspeise mitbringt und diesmal ist das Mütterlein dran.
Sie gibt sich viel Mühe und macht einen schönen Guglhupf. Als sie fertig ist, packt sie ihn in Staniol ein und macht sich auf den Weg. Da der Weg aber lang und beschwerlich ist, nimmt sie eine Abkürzung, die über
den dortigen Friedhof führt. Wie es der Teufel so will stolpert sie am Friedhof und der Gugelhupf fliegt im hohen Bogen in ein offenes Grab. Das Mütterlein ist völlig verzweifelt. Sie sinkt neben dem Grab hin und beginnt zu weinen. „Jetzt liegt der a do drin!"
Der Pfarrer kommt vorbei und sieht wie das Mütterlein am Grab kniet und weint. So geht er zu ihr hin und fragt „Jo, Muaterl, was ist denn?" „Jetzt liegt der a do drin!" schluchzt sie, „So an guatn krieg i nimma!" „Aber jo, Muaterl, wirst schon sehen, wird scho ana kumma!" „Oba kana mit 6 Eier!"

Ein Mann geht in Rente und kauft sich einen Garten, um hier seine Freizeit zu verbringen. Der Garten ist ein verwahrlostes Stück Erde, aber da der Rentner mit viel Liebe, Sachverstand und Zeit an die Sache herangeht, ist bald ein wahres Schmuckstück draus geworden. Kurze Zeit später kommt ein neuer Pfarrer ins Dorf und macht seine Antrittsrunde. So kommt er auch zum Gärtchen des Rentners und ist so begeistert von der Blütenpracht, dass es aus ihm herausplatzt:
„Ja ist das nicht herrlich, was unser lieber Herrgott hier – mit ihrer Hilfe – Wunderbares gedeihen lässt?"
„Ja, schon.", meint der Hobbygärtner zurückhaltend. „Sie hätten den Garten aber mal sehen sollen, als unser lieber Herrgott sich noch allein drum gekümmert hat!"

Stolz berichtet der Vater nach der Messe, wie schön das Töchterchen ministriert habe. „Sie ist überhaupt so ein begabtes und kluges Kind. Die Intelligenz hat sie eindeutig von mir. „Aber sicher!", lächelt die Mutter, „Ich habe ja meine noch!"

„Warum wascht ihr euch denn nicht mal?", ermahnt der Herr Pfarrer beim Besuch des Zeltlagers der Jugendgruppe die bis zur Unkenntlichkeit verschmutzten Jungen streng. „Ach", erklärt einer der Buben, „wir erkennen uns ohnehin an den Stimmen."

Stehen drei Männer auf dem Eiffelturm. Meint der erste: "Das ist aber ein schöner Tag zum Fliegen" und springt runter. Sanft schwebt er hinab und kommt unverletzt am Boden an. Sagt der zweite: "Hm, eigentlich hat er recht. Es ist wirklich ein schöner Tag zum Fliegen!" Auch er springt, segelt hinunter und setzt sanft wie eine Feder auf. Da meint der dritte: " Naja, wenn die beiden das so gut konnten, probier ich's eben auch mal!" Er springt und – platsch – ist tot! Meint der erste Mann zum zweiten: "Dafür, dass wir Engel sind, sind wir schon ziemlich fies!"

Ein Atheist geht durch den Wald.
Auf einmal kommt ein Bär. Der Atheist rennt und rennt doch der Bär kommt immer näher. Auf einmal stolpert der Atheist über einen Stein. Der Bär ist schon über ihm und hebt die Tatze, da schreit der Atheist: "Gott, hilf mir!" Da steht auf einmal die Zeit still und ein helles Licht kommt vom Himmel und eine Stimme brüllt: "Du hast mich immer verleugnet und den Menschen gesagt, dass es mich nicht gäbe, dir soll ICH helfen?"
Darauf der Atheist: "Ich werde katholisch, wenn du den Bären auch katholisch machst!"
Damit ist Gott einverstanden. Die Zeit geht weiter und der Bär faltet die Hände, macht das Kreuzzeichen und sagt: "Komm Herr Jesus, sei unser Gast und segne, was du uns bescheret hast! Amen!"

Ein Arzt, ein Pfarrer und der Gerichtsvollzieher
sitzen am Stammtisch. Der Arzt: "Wisst Ihr – ich genieße es, wenn mich jedermann Herr Doktor nennt."
Der Pfarrer: "Ich senke jedes Mal demütig den Kopf, wenn mich jemand mit Hochwürden anspricht."
Nach einer kleinen Pause der Gerichtsvollzieher: "Wenn ich an der Wohnungstüre läute, heißt es: 'Mein Gott – Sie schon wieder...'"

Die Tochter des Pastors leiht sich Papas Auto.
Als sie ihm am Abend den Schlüssel zurückgibt, meint sie: „Papa, du musst den Wagen reparieren lassen – der hat Wasser im Vergaser." Verwundert schaut der Pastor auf: „Aber, Kind, wie kommst du darauf? Seit wann weißt du überhaupt, was ein Vergaser ist? Und warum sollte der neue Wagen jetzt Wasser im Vergaser haben?"
„Glaube mir", beharrt die Tochter, „das Auto hat Wasser im Vergaser!"
„Also gut, ich schau mir das mal an – wo ist der Wagen denn?"
„Im Gartenteich!"

Die schulischen Leistungen des Ministranten lassen zu wünschen übrig, also redet der Herr Pfarrer ihm ins Gewissen: „Der heilige Adalbert ist ein leuchtendes Vorbild, als er in deinem Alter war, hat er schon in Magdeburg studiert!"
„Und als er in Ihrem Alter war, war er schon Bischof!"

Frage ?

Was unterscheidet ein Baby von einem Weihnachtsbaum?
Antwort: Du musst den Baum immer vor – und das Baby immer nach der Bescherung putzen.

„Jeden Tag eine gute Tat"
lautete das Thema im Religionsunterricht.
Der Herr Pfarrer fragt die Kinder: „Wem ist gestern gelungen, einem anderen Menschen Freude zu machen?"
Klaus meldet sich: „Ich war bei meiner Oma!"
„Und dein Besuch hat sie sicher glücklich gemacht."
„Nein, glücklich hab' ich sie gemacht, als ich wieder gegangen bin!"

Im Beichtstuhl bekennt ein Bauer, ein Reh gewildert zu haben. Der junge Kaplan kommt frisch aus der Großstadt und ist mit einem derartigen Sündenfall total überfordert. Er entschuldigt sich kurz und fragt rasch beim Dorfpfarrer nach: „Hochwürden, was würden Sie dem Mann für ein gewildertes Reh geben?"
Die Antwort kommt prompt: „Auf keinen Fall mehr als zwanzig Euro!"

Der erfolgreiche Missionar bei der Taufe eines Eingeborenen:
„Du bist jetzt ein Christ und du bekommst einen neuen Namen: Von nun an heißt du nicht mehr Omoro, sondern dein Name ist Johannes. Als Christ musst du die zehn Gebote befolgen und darfst freitags statt Fleisch nur noch Fisch essen!"
Als er am folgenden Freitag seinen Täufling besucht, genießt dieser gerade einen köstlichen Ziegenbraten. Gegen den Vorwurf des Missionars wehrt sich Johannes vehement: „Pater, ich habe alles gemacht wie Sie. Ich habe die Ziege mit Wasser besprengt und gesagt: 'Von nun an heißt du nicht mehr Ziege, sondern dein Name ist Fisch.'"

Der Pfarrer begrüßt einen neuen Ministranten
und will von ihm wissen: „Wie viele Geschwister hast du denn noch?"
„Wir sind fünf Jungen zu Hause", erzählt der Neue, „und außerdem hat dazu auch noch jeder eine Schwester."
„Also zehn Kinder!", wundert sich der Pfarrer.
„Nein, Herr Pfarrer", berichtigt der Junge, „sechs!"

Im Religionsunterricht ärgert sich der Pfarrer über die Trägheit und den mangelnden Ehrgeiz der Klasse.
„In eurem Alter", meint er vorwurfsvoll, „hatte Alexander der Große schon die halbe Welt erobert."
„Ja", erklärt ein Schüler, „aber Alexander der Große hatte auch Unterricht bei Aristoteles!"

Fritz torkelt stockbetrunken dem Herrn Pastor über den Weg.
„Fritz, habe ich dir nicht gesagt, dass der Alkohol dein größter Feind ist?"
„Jo, Hea Pasta, aba Jesus hat jesacht, dass ich meene Feinde lieben soll, un des habb ich jerade ja jemacht!"
„Lieben schon, aber nicht herunterschlucken!" antwortet der Pastor.

Anna wird von ihrer Mutter mit dem Auto zum Ministrantenunterricht gebracht, als diese bei einer roten Ampel auf den vorderen Wagen auffährt.
Der Fahrer des Wagens springt heraus und schreit wütend:
„Die Ampel ist rot – haben Sie denn jemals eine Fahrprüfung gemacht?"
„Ganz sicher", antwortet die Mutter von oben herab, „viel öfter als Sie!"

MENSCHLICHES

Verschlafen nimmt der Herr Pfarrer mitten in der Nacht einen Anruf entgegen. „Hallo, ist dort der Wirt? – Wir brauchen eine Kiste Bier!" „Nein", antwortet Hochwürden, „hier spricht der Pfarrer vom heiligen Antonius!" „Aber, Herr Pfarrer!", fragt der Anrufer entrüstet, „Sie sind um diese Zeit noch im Wirtshaus??!"

Der Pfarrer macht morgendlichen Ausritt durch das Dorf, als ihm zwei Polizisten entgegenkommen. Einer der Beamten ruft spöttisch: „Für Jesus war ein Esel gut genug, als er in Jerusalem eingezogen ist, aber Hochwürden sitzen hoch zu Ross!"
„Du hast recht, mein Sohn", seufzt der Pfarrer, „aber ein anderes Reittier habe ich nicht gefunden – alle Esel sind heutzutage bei der Polizei!"

Die Oma auf dem Bauernhof ist gestorben. Leider nicht auf natürliche Art. Sie hat sich in der Scheune erhängt. Die Familie ist entsetzt. Dazu kommt, dass der katholische Pfarrer des kleinen bayrischen Ortes sehr strenge Ansichten über Sünder und Todsünden hat. Selbstmord ist bekanntermaßen eine Todsünde.
Die Familie weiß, dass, falls die genauen Umstände des Ablebens der Oma ruchbar werden, ein kirchliches Begräbnis ausgeschlossen ist.
So versucht man, die Sache zu vertuschen. Aber wer soll zum Pfarrer gehen und den Tod melden? Der Pfarrer kennt die Familie und kennt die Oma. Er wird sicher fragen, was denn die Oma gehabt habe, und möglicherweise anfügen, sie habe am Sonntag in der Kirche doch noch ganz gesund gewirkt.
So entschließt man sich, den acht Jahre alten Enkel zum Pfarrer zu schicken. Man schärft ihm ein, ja nichts zu sagen, was wirklich passiert sei. Er solle einfach behaupten, er wisse nicht, woran die Oma gestorben sei. Er solle sagen, morgens sei sie halt tot gewesen.
Der Junge geht mit Bangen zum Pfarrer und klingelt. Der Pfarrer ist selbst an der Tür und sagt: „Johannes, wie siehst Du denn aus? Ist was passiert?" Johannes erzählt, dass die Oma gestorben sei. Der Pfarrer will natürlich wie erwartet wissen, woran sie so plötzlich verstorben sei, und Johannes sagt auftragsgemäß, er wisse es nicht. Der Pfarrer merkt jedoch sofort, dass irgendetwas nicht stimmt und Johannes sich gar nicht wohl fühlt. Er bohrt nach und bohrt nach, und in Johannes arbeitet es und arbeitet es. Er sucht nach einem Weg, dem Pfarrer eine befriedigende Antwort zu geben und nach hause zu können. Schließlich hat er eine Idee und sagt: „Weißt Du der liebe Gott hat die Oma mit dem Lasso geholt."

SÜNDIGES

Hochwürden und der Rabbi unterhalten sich in aller Freundschaft
auch oft über die geringe Entlohnung für ihre Arbeit.
„Oft ist das Geld schon so knapp", klagt der Pfarrer,
„dass mir keine andere Möglichkeit bleibt,
als im Gasthof die Zeche zu prellen!"

„Wie gelingt dir denn das?", will der Rabbi wissen.
„Ach, ganz einfach – ich gehe immer kurz vor dem
Schichtwechsel der Kellner hin.
Wenn der eine heimgehen und der neue Kellner kassieren möchte,
behaupte ich, die Rechnung schon bei seinem Kollegen
bezahlt zu haben. Mir glaubt er das, ich bin schließlich Pfarrer."

Der Rabbi möchte das einmal miterleben
und begleitet Hochwürden in den Gasthof.
Nach einem ausgiebigen Mahl kommt der Kellner mit der Rechnung:
„Aber", meint der Pfarrer verwundert,
„das habe ich doch schon vorher bei ihrem Kollegen bezahlt!"
„Und außerdem", mischt sich der Rabbi ein,
„warten wir immer noch auf das Rückgeld!"

Ministrant David klaut im Pfarrgarten ein paar Äpfel. Plötzlich steht der Pfarrer neben ihm und fragt streng: „David, glaubst du, heimlich sündigen zu können? Hast du vergessen, wer immer alles sieht, was wir machen? Wer bestraft alle Sünden und gilt als höchste Macht, vor der letztendlich selbst ich nur klein und unbedeutend bin?"
Eingeschüchtert murmelt der kleine Sünder: „Ihre Haushälterin?!"

Ein bekannter, dem Wein und anderen Alkoholika nicht abgeneigter Politiker sitzt auf dem Balkon seines Hauses. Er hat eine Flasche Wein und ein Glas vor sich stehen und liest die Tageszeitung.
Plötzlich sieht er von seiner Tageszeitung auf und sagt kopfschüttelnd: „Stell´ dir vor, was die Computerleute heutzutage alles mit ihrer Statistik herausfinden. Bei jedem Atemzug, den ich mache, sterben in ganz Europa fünf Menschen."
„Das wundert mich gar nicht", meint seine Frau, „bei deinem Weinkonsum!"

Stolz erzählt Ministrant Roland seinem Vater, „Der Herr Pfarrer wäre heute beinahe Opfer eines ganz bösen Streichs geworden, wenn ich es nicht verhindert hätte!"
„Wie konntest du ihm den aus der Patsche helfen?"
„Ich habe bemerkt, dass die Jungen ihm einen Reißnagel auf den Stuhl gelegt haben", erklärt der Junge, „und in dem Moment, als er sich gerade darauf setzen wollte, konnte ich den Stuhl gerade noch wegziehen!"

„**I**ch suche ein sittenstrenges Buch", erklärt der Kunde dem Buchhändler, „in dem Zucht und Ordnung herrscht, in dem keine Unmoral, kein Mord und keine Kriege vorkommen. Welches schlagen Sie vor?"
„Den Fahrplan der Deutschen Bahn!"

„**H**ochwürden", erkundigt sich der junge Ehemann, „steht nicht in der Bibel: Wer aus dem Unglück anderer Profit schlägt, wird seine Strafe erhalten?" „So ist es, mein Sohn!", antwortet der Pfarrer.
„Ja, dann sollten Sie mir wohl die 80 Euro Traugebühr für meine Hochzeit wieder zurückgeben!"

Während der Bischof sein Frühstück genießt, spricht ein Pfarrer vor. Höflich lädt ihn der Bischof ein, doch mit ihm gemeinsam zu frühstücken.
„Vielen Dank, Eure Exzellenz", lehnt der Pfarrer ebenso höflich ab, „aber zum einen ist heute Fasttag –
und zum anderen habe ich zu Hause bereits reichlich gefrühstückt!"

Der Pastor zu seiner Frau: „Wir müssen ein ernstes Wort mit unserem Jungen sprechen – er hat Geld aus meiner Brieftasche genommen!" Die Mutter verteidigt ihren Sohn sofort: „Warum denkst du, dass er es war – ich könnte es auch gewesen sein!"
„Nein", seufzt der Pastor nach einem prüfenden Blick in die Börse, „sicher nicht – ein bisschen Geld ist ja noch drinnen!"

„**I**ch bin in Versuchung geführt worden und habe meine Unschuld verloren!", gesteht eine junge Nonne der Oberin.
„Trink sofort eine ganze Kanne Zitronensaft ohne Zucker!", befiehlt diese streng.
„Als Strafe für meine Sünden?"
„Nein, als Mittel gegen deinen glücklichen Gesichtsausdruck!"

Nach dem Sonntagsgottesdienst will der Ehemann in Ruhe seine Zeitung lesen, doch seine Frau unterbricht die Lektüre: „Was war denn das Thema der heutigen Predigt?" „Die Sünde", antwortet der Mann zerstreut. „Und was sagt der Herr Pfarrer dazu?" „Er ist dagegen!"

Nachdem der Pfarrer mit seinen Ministranten einige Stunden gewandert ist, kommen sie bei einem Garten vorbei, in dem zwei Männer fleißig saftige Kirschen ernten.
„Dürfen meine durstigen Jungen sich auch einige Kirschen pflücken?", fragt der Pfarrer.
„Natürlich", antwortet einer der Männer großzügig, „sie können gerne auf die Bäume klettern.
„Vielen Dank – was bin ich euch denn für die Kirschen schuldig?", will der Pfarrer wissen, nachdem sich die Ministranten mit den reifen Früchten gestärkt haben.
„Gar nichts", wehren die Männer das Angebot ab, „auch wir klauen die Kirschen ja!"

SÜNDIGES

THEO - LOGIK

Ein Lehrer fragt seine Schüler im Religionsunterricht:
„Wer von euch kann mir sagen, was wir tun müssen,
bevor uns unserer Sünden vergeben werden?"
Stille. Niemand antwortet. Schließlich meldet sich ein
Junge und sagt: „Na, erst einmal müssen wir sündigen."

Hochwürden und der Rabbi sind gute Freunde
und unterhalten sich oft über die Gemeinsamkeiten
und Unterschiede ihrer Aufgaben.
„Schon lange interessiert mich der Ablauf einer katholischen Beichte",
gesteht der Rabbi einmal, „könnte ich da nicht mal zuhören?"

Obwohl Hochwürden seine Bedenken hat,
lässt er sich von seinem Freund schließlich überreden
und erlaubt dem Rabbi, sich hinter dem Beichtstuhl zu verstecken.

Kurz darauf kniet eine junge Frau im Beichtstuhl nieder:
„Ich möchte meine Sünden bekennen, Hochwürden,
ich habe meinen Mann belogen!"
„Wie oft hast du denn gelogen?", fragt der Pfarrer.
„Dreimal!"
„Zur Buße sprichst du drei Vaterunser
und spendest fünf Euro beim Opferstock"

Nach dieser Beichte muss der Pfarrer dringend weg
und als neuerlich eine junge Frau den Beichtstuhl betritt,
nimmt der Rabbi kurzerhand Hochwürdens Platz ein.

„Ich habe gesündigt", beichtet die Dame,
„ich habe meinen Mann belogen!"
„Hm – und wie oft?"
„Ein einziges Mal!"
„Ja, dann", der Rabbi überlegt,
„in dem Fall kannst du es noch zweimal machen",
schlägt er schließlich vor,
„denn wir haben gerade ein Sonderangebot:
da gibt es für dreimal Lügen drei Vaterunser und fünf Euro."

SÜNDIGES

Ein Prediger sagte zu seiner Gemeinde: „Nächste Woche möchte ich über die Sünde der Lüge predigen. Dass ihr die Predigt besser versteht, bitte ich euch alle, bis dahin einmal Markus 17 zu lesen."
Am folgenden Sonntag vor der Predigt bat er alle, die seiner Bitte nachgekommen waren, einmal die Hand zu heben. Er wollte wissen, wie viele Markus 17 gelesen hatten. Alle Hände gingen nach oben.
Der Prediger lächelte und sagte: „Markus hat nur 16 Kapitel. Ich werde jetzt mit meiner Predigt über die Sünde der Lüge beginnen..."

Die eitle Bäuerin im Beichtstuhl: „Hochwürden, ich bekenne, zu sündigen. Immer vor dem Spiegel sage ich mir: keine im Dorf ist schöner als du!"
„Ach", erwidert der Pfarrer milde, „da sündigst du nicht – da irrst du!"

„**I**ch habe gegen das neunte Gebot verstoßen", bekennt ein Ministrant reuig bei der Beichte. „Du hast begehrt deines Nächsten Weib?", fragt der Pfarrer beunruhigt, „wie denn das?"
„Ja, wissen Sie", erklärt der, „Hansis Mutter bäckt viel bessere Kuchen als meine!"

Nach dem Gottesdienst drückt eine Besucherin dem Pfarrer begeistert die Hand und sagt: „Ihre Predigt war einfach wundervoll. Alles, was Sie über Sünde und Laster gesagt haben, trifft genau auf meinen Mann zu."

Der Dorfpfarrer beobachtet zwei Jungen, die auf der Straße heftig diskutieren. Er geht zu ihnen und erkundigt sich, was los sei. „Wir haben hier gerade einen Euro gefunden", erklärt der eine, „und haben überlegt, wer von uns beiden ihn bekommen soll!"
„Und – seid ihr zu einer Lösung gekommen?"
„Klar", antwortet der andere Junge, „den Euro hat sich derjenige verdient, der am besten lügen kann."
Hochwürden ist entsetzt: „Aber kennt ihr nicht die Gebote Gottes? Lügen ist streng verboten! Ich selbst habe mein ganzes Leben nie gelogen, sondern immer die Wahrheit gesagt!"
Die beiden Jungen sehen einander nachdenklich an und schließlich sagt der eine zum anderen: „Okay, er hat gewonnen – gib' dem Herrn Pfarrer den Euro!"

"**W**elche Sünden sollte ich denn zu beichten haben, Herr Pfarrer? Ich bete täglich, lese jeden Abend in der Bibel, gehe von Montag bis Samstag pünktlich zur Arbeit, trinke nicht, gehe früh zu Bett und besuche außerdem jeden Sonntag den Gottesdienst."
"Ja, aber das wird wohl leider nicht so bleiben, sobald du hier wieder draußen bist, mein Sohn!", befürchtet der Gefängnispfarrer.

Hochwürden kommt von einer Reise nach Tschechien mit zwei Flaschen Becherovka zurück.
Kurz vor der Grenze bekommt er jedoch wegen des Kräuterschnapses ein schlechtes Gewissen und da er den Zollbeamten nicht belügen will und darf, packt er die zwei Flaschen aus und klemmt sie sich unter beide Arme.
Bei der Zollkontrolle erkundigt sich der Beamte, ob er in Tschechien etwas eingekauft habe.
Der Pfarrer antwortet ehrlich: "Alles, was ich eingekauft habe, mein Sohn, habe ich anschließend unter den Armen aufgeteilt."

Der Herr Pfarrer hört einen Vortrag über die technischen Fortschritte und Vorzüge des Automobils. "Schön und gut", kommentiert er am Ende laut, "aber das alles verbessert die menschliche Moral nicht."
"Im Gegenteil", widerspricht der Vortragende, "es werden seitdem beispielsweise wesentlich weniger Pferde gestohlen!"

Pfarrer betroffen: "Mein Sohn, ich fürchte, wir werden uns nie im Himmel begegnen..."
"Nanu, Herr Pfarrer, was haben Sie denn ausgefressen?..."

Der Pfarrer besucht einen alten Sünder, der mit schwerer Krankheit das Bett hüten muss. Der Kranke ist von dem Besuch nicht sehr erbaut. "Wollen Sie denn gar nichts vom Himmel, den Engeln und dem ewigen Leben wissen? fragte der Pfarrer eindringlich. "Nein, Herr Pfarrer", sagte der alte Sünder. "Ich möchte, dass alles eine Überraschung bleibt."

LÄCHERLICHES

Der Herr Pfarrer predigt in der Schule gegen den Alkohol und erklärt den Kindern, dass zum Beispiel Tiere Alkohol aus einem natürlichen Instinkt heraus ablehnen.
„Wenn ich also einem Esel Wasser und Sekt anbieten würde, wofür würde er sich entscheiden?"
„Für das Wasser!", weiß einer der Jungen sofort.
„Richtig!", lobt der Pfarrer, „Und aus welchem Grund?"
„Na – weil er halt ein Esel ist!"

Zwei Beamte des Oberkirchenrates sitzen im Büro, während das Telefon schon minutenlang beharrlich klingelt. Seufzend schüttelt der eine den Kopf:
„Ich fasse es nicht! – Wie manche Leute ihre Zeit vergeuden!"

Als die Krönung des Heiligen Vaters Thema des Religionsunterrichtes ist, will der Lehrer von den Schülern wissen, wer denn der Vorgänger von Papst Franziskus gewesen sei.
Nach einigem Zögern meldet sich der kleine Max: „Der hieß Benedikt!"
„Stimmt!", lobt der Lehrer, „aber Papst Benedikt hatte noch was hinter seinem Namen stehen!"
„Ein Kreuzchen, ein V und ein Strich!", weiß Anna.
„Und wer weiß, wofür das steht?"
Sofort meldet sich der kleine Sohn vom Dorfwirten: „Für ein Korn, eine Vogelbeere und ein Bier!"

> **SPRUCH AUF EINEM GRABSTEIN:**
> Hier ruht im Frieden Genoveva Raffel,
> vermodert hier zu Boanakraffl,
> sie war die Schönste auf der Erdenzeit,
> wem nützt ihr jetzt die Eitelkeit.

„**W**arum", fragt Gretchen den Pfarrer, „dürfen eigentlich Frauen nicht Priester werden?"
„Damals, als Jesus beim letzten Abendmahl die Apostel als Priester eingesetzt hat", erklärt Hochwürden, „da war eben keine Frau dabei!"
„Ach", wundert sich Gretchen, „aber ein Argentinier war dabei?"

> **E**in Mann kommt zum Rabbi mit der Frage:
> „Rabbi, was ist das eigentlich: eine Alternative?"

Der Rabbi schaut nachdenklich und studiert das Gesicht des Fragende sorgfältig. Schließlich beginnt er zu antworten.
„Eine Alternative? Das ist keine einfache Frage! Am besten, ich gebe Dir ein Beispiel.
Nehmen wir einmal an ... Nehmen wir einfach an, Du hast eine Henne. So eine Henne kannst Du natürlich schlachten, und dann hast Du eine schöne Hühnerbrühe oder auch einen Braten. Du kannst natürlich auch andererseits einfach warten, bis das Huhn ein Ei legt, und dann hast Du ein Huhn und ein Ei."
„Aha, das ist also eine Alternative", sagt der Frager.

„Moment, Moment! Die Geschichte ist noch nicht zu Ende. Nehmen wir einfach mal an, Du hast Dich für das Huhn und das Ei entschieden. Dann hast Du also ein frisches Ei. Da gibt es dann zwei Möglichkeiten: Du kannst das Ei essen, und dann hast Du ein schönes Frühstücksei oder auch ein Spiegelei. Oder Du kannst die Henne das Ei ausbrüten lassen, und Du hast eine Henne und ein Küken und irgendwann dann zwei Hühner." – „Ah ja. Das ist also die Alter …?"

Der Rabbi unterbricht: „Moment, Moment! Die Geschichte ist noch nicht zu Ende. Nehmen wir einfach mal an … Nehmen wir doch einfach mal an, Du entschiedest Dich für das Brüten. Dann hast Du irgendwann zwei Hühner, und Du entschiedest Dich wieder fürs Legen und wieder fürs Legen. Dann hast Du bald acht Hühner und irgendwann 20 und 40 und schließlich mehr als 100 Hühner. Wenn man erstmal über 100 Hühner hat, dann kann man sich überlegen, ob man eine Hühnerfarm einrichten will. Da hat man dann zwei Möglichkeiten.
Einerseits kann man die Farm in der Nähe des Wohnhauses errichten. Man ist dabei, und man hat immer die frischen Eier, und man hat auch alles ständig im Blick. Allerdings sollte man die Geruchsbelästigung nicht außer Acht lassen.
Die andere Möglichkeit ist, die Hühnerfarm in ein nahes Flusstal zu verlegen. Das hat den Vorteil, dass die Hühner immer frisches Wasser und immer Gras haben. Allerdings ist man nicht ständig präsent. Die Gefahr ist: Man kommt eines Morgens, und ein Marder oder ein Fuchs war da, und alle Hühner sind tot." – „Ah. Das ist also jetzt die..."

„Moment, Moment! Die Geschichte ist doch noch nicht zu Ende. Angenommen, einfach einmal angenommen, Du entscheidest Dich fürs Flusstal. Die Hühner haben einfach ideale Bedingungen. Die Farm wird immer größer: zweihundert Hühner, fünfhundert Hühner und schließlich mehr als 1000 Hühner. Freilaufend auf idealem Gelände. Das Geschäft blüht. Die größte Hühnerfarm in der ganzen Region. Und – es beginnt zu regnen. Ungewöhnlich in dieser Region, aber es regnet und regnet und regnet. Und der Flusspegel steigt und steigt und steigt. Der Fluss überflutet schließlich das ganze Gelände und – alle Hühner tot."
Der Rabbi senkt den Kopf und schweigt.
Der Frager zögert etwas und fragt: „Ja? Und was ist jetzt die Alternative?"
Der Rabbi hebt den Kopf und sagt: „Enten, mein Lieber, Enten!"

LÄCHERLICHES

> **Noch keine fünfzig Jahre alt,** fällt ein Dachdecker vom Dach
> und beschwert sich umgehend an der Himmelstür,
> dass er viel zu jung sterben musste.
> Petrus blättert in seinen Unterlagen
> und schüttelt verständnislos den Kopf:
> „Warum ‚viel zu jung‘, guter Mann?
> Nach den Arbeitsstunden, die Sie verrechnet haben,
> sind Sie doch bereits mehr als achtzig Jahre alt!"

Der Herr Pfarrer bittet seine Ministranten, von Haus zu Haus zu gehen und Bibeln zu verkaufen. Jeder bekommt eine Büchertasche, nur der kleine, stotternde Franz geht leer aus.
„A-a-auch -i-ich w-w-will v-v-ver-kk-k-kauf-f-fen", bittet er den Pfarrer, der ihm diesen Plan aber wegen des Sprachfehlers ausreden möchte.
„Da musst du auch mit den Leuten reden und ihnen etwas über die Bibel erzählen, das fällt dir sicher zu schwer", will er den Jungen vertrösten. „Ich ka-ka-nn d-d-as!", beharrt Franz und bittet: „I-Ich mö-möchte z-z-zw-ei Ta-Taschen!"
Als sich die Ministrantenrunde nach einigen Stunden wieder trifft, haben alle drei oder vier Bibeln verkauft, nur die Taschen des kleinen Stotterers sind beide ganz leer.
Der Pfarrer wundert sich: „Ganz toll hast du das gemacht, aber wie ist dir das denn gelungen?"
„A-A-Ach", wehrt Franz bescheiden ab, „da-das war g-g-ganz ei-ei-einfa-ach! I-Ich ha-habe je-jeden wä-wählen la-lasen, o-ob er di-die Bi-Bibel k-k-k-kauf-f-fen wi-will o-o-oder i-ich sie ihm v-v-vor-le-lesen so-soll!"

Zu der Zeit, als der Oberlippenbart als Manneszierde populär wurde, fand sich ein Theologiestudent mit einem gepflegten Schnauzer zu einem Gespräch im Vorzimmer seines Professors ein.
Auch andere Studenten wollten ihre Aufwartung machen und alle wurden vor ihm hineingebeten. Er wartete also geduldig, bis alle anderen Studenten gegangen waren. Als er nach einer weiteren, langen Zeitspanne endlich vorsprechen durfte, wurde er vom Professor sofort mit der kritischen Frage empfangen: „Finden Sie es richtig, als angehender Theologe einen solchen Bart zu tragen?"
Der Student rieb sich überrascht über der Oberlippe und antwortet verwundert: „Tatsächlich! Ist da doch wirklich ein Bart gewachsen, während ich im Vorzimmer warten musste!"

Spielt ein Pfarrer und eine Nonne Tennis.
Die Nonne trifft den Ball nicht und sagt:
"Scheiße daneben".
Darauf der Pfarrer: "Wenn du dass noch einmal sagst, trifft dich ein Blitz."
Beim nächsten mal sagt die Nonne wieder:
"Scheiße daneben".
Kommt ein Blitz aus dem Himmel erschlägt den Pfarrer, danach eine Stimme vom Himmel:
"Scheiße daneben".

„Auf der Wiese vor dem Dorf wurde ein toter Esel gefunden", meldet der Pfarrer telefonisch beim Gesundheitsamt.
„Aber fallen denn die Toten nicht in Ihre Zuständigkeit, Vater?", fragt der Beamte scherzhaft.
„Doch, mein Sohn", erwidert Hochwürden würdevoll, „aber es ist vor allem auch meine Aufgabe, zunächst ihre nächsten Verwandten zu verständigen."

Begeistert lobt Lisa ihren Ehemann.
„Aber vorige Woche wolltest du dich doch noch scheiden lassen?", wundert sich ihre Freundin.
„Ja, vorige Woche! Aber seit Montag weiß ich, mit welch klugem und nettem Mann ich verheiratet bin!"
„Ach? – was ist denn am Montag passiert?"
„Seit Montag ist der Fernseher ausgefallen!"

„Hinten anstellen", rügt die Verkäuferin zwei Ministranten, die sich in der Drogerie ungestüm vordrängen.
„Schnell", japsen die beiden völlig außer Atem, „wir können nicht warten – beim Zeltlager ist der Herr Pfarrer gerade in ein Wespennest getreten."
„Also gut", beruhigt die Drogistin, „ich gebe euch schnell eine Salbe."
„Warum eine Salbe?", protestieren die beiden aufgeregt, "einen Farbfilm!"

Der Pfarrer diktiert im Religionsunterricht:
„Als rechtmäßige Nachfolger der Apostel gelten die Bischöfe." Bei der Korrektur von Fritzchens Heft muss Hochwürden dann lesen: „Die Bischöfe gelten als recht mäßige Nachfolger der Apostel!"

Der Religionslehrer spricht mit den Schülern der vierten Klasse über Tierliebe und das Bibelwort: „Der Gerechte erbarmt sich seines Viehs".
Später fragt er nach: „Wenn ich einen Mann sehe, der auf der Straße seinen Esel verprügeln möchte und ihn daran hindere, welcher Tugend entspreche ich damit?"
Sofort kommt aus der letzten Reihe die Antwort: „Der Bruderliebe, Herr Lehrer!"

Luzifers Sohn langweilt sich in der Hölle. „Geh doch auf die Erde und füge den Menschen da oben Böses zu!", schlägt der Satan seinem kleinen Teufelchen vor.
Begeistert nimmt der Kleine sein Schäufelchen und gräbt sich nach oben in die Menschenwelt. An der Erdoberfläche angekommen, findet er sich mitten in Amerika wieder. „Hello", schreit er, „ich bin das kleine Teufelchen mit dem Schäufelchen und ich stehle all euer Geld!"
Doch statt sich zu fürchten, zucken die Amerikaner die Achseln: „Never mind! – Nimm dir, was du willst, wir haben mehr als genug money!"
Zornig schnappt das kleine Teufelchen seine Schaufel und gräbt sich einen Gang nach Russland. „Privjet", schreit er dort, „ich bin das kleine Teufelchen mit dem Schäufelchen und ich stehle all euer Geld!"
„Paschalusta", lachen die Russen, „aber welches denn – wir haben ja keines!"
Enttäuscht gräbt das Teufelchen voller Zorn weiter und landet schließlich in Polen: „Hej!", ruft er laut, „ich bin das kleine Teufelchen mit dem… Wo, zum Teufel, ist mein Schäufelchen??!"

Der Religionslehrer erzählt im Unterricht vom Heiligen Franziskus und fragt anschließend: „Kennt jemand von euch noch einen Heiligen?"
„Ja!", meldet sich der kleine Franz eifrig: „Den heiligen Strohsack!"

Aufgeregt hält ein Fremder den Dorfpolizisten an: „Wissen Sie, ob es hier schwarze Kühe gibt?" Der Polizist verneint. „Schwarze Pferde vielleicht?" Der Polizist schüttelt den Kopf. „Aber schwarze Hunde?" Auch hier lautet die Antwort: „Nein!"
„In dem Fall habe ich wohl eben euren Pfarrer überfahren!"

Nach einem Sturm retten sich zwei Schiffbrüchige auf eine kleine Insel. Während der eine sich entspannt unter eine Palme legt, läuft der andere aufgeregt über die ganze Insel, schaut verzweifelt aufs Meer hinaus und ruft um Hilfe.
„Hier findet uns niemand", jammert er ununterbrochen, „hier sind wir verloren..."
„Keine Aufregung", versucht der andere zu beruhigen, „schließlich verdiene ich jede Woche über hunderttausend Euro..."
Verständnislos schaut ihn sein Gefährte an: „Und was bringt uns das hier? Kein Geld der Welt hilft auf dieser Insel gegen Hunger und Durst und ein Boot kannst du hier auch nicht kaufen! Dein großer Verdienst nutzt überhaupt nichts ob Geld oder kein Geld, wir kommen hier nie mehr weg!"
„Da irrst du dich gewaltig", der Erste, lehnt sich unbekümmert an den Stamm der Palme, „Schau, ich verdiene nicht nur jede Woche über hunderttausend Euro, ich spende außerdem zehn Prozent davon der Kirche – egal, wo wir sind – mein Bischof findet mich auf jeden Fall!"

JESUS UND MOSES BEIM GOLFSPIELEN

Jesus hat sich in eine dumme Situation gebracht und muss über einen Teich spielen. Moses gibt ihm den Rat, ein 4er Eisen zu benutzen, aber Jesus meint nur: "Wenn Bernhard Langer das mit ´nem 3er schafft, dann kann ich das auch." Jesus schlägt mit seinem 3er Eisen und der Ball landet im Teich. ER schämt sich ziemlich und bittet Moses, den Ball zu holen.
Moses geht hin zum Teich, teilt die Fluten und bringt Jesus seinen Ball zurück und fragt ihn, ob er nun einsehe, dass ein 4er Eisen besser sei. Jesus bleibt stur und beharrt darauf, dass wenn Bernhard Langer das mit einem 3er Eisen schaffe, er das schon lange könne. Jesus nimmt sein 3er, holt aus, schlägt und *plumps* wieder im Wasser gelandet und bittet Moses wieder, den Ball zu holen. Der tut das und bittet Jesus inständigst, nun ein 4er Eisen zu nehmen, aber Jesus argumentiert wieder mit Bernhard Langer.
Moses hat nun genug und meint, dass wenn der Ball wieder im Wasser landet, könne Jesus sich den selbst holen. Jesus grummelt was von Bernhard Langer, schlägt und der Ball landet LEIDER im Wasser. Wortlos geht ER zum Teich, aufs Wasser und sucht nach seinem Ball.
Kommt einer vorbei und fragt Moses, wer der Typ auf dem Teich denn denke, wer er sei, Jesus etwa? Meint Moses: "Nö, der denkt, er sei Bernhard Langer..."

LÄCHERLICHES

Fragen ?

Was gibt es, wenn eine Nonne einen Amerikaner mit ins Bett nimmt?

Antwort: Krümel...

Warum möchte die Landeskirche in Friesland das Erzählen von Witzen an einem Samstag verbieten?

Antwort: Weil sonst am Sonntag während des Gottesdienstes alle zu lachen beginnen.

Was ist die Folge, wenn jemand eines der zehn Gebote bricht?", fragt der Religionslehrer.

Antwort: „Ganz einfach", antwortet der kleine Franz sofort, „dann gibt es nur noch neun!"

Was wird der Ehemann einer Frau, deren Schwester verstorben ist?

Antwort: Er wird „Gottes Schwager"-- denn von den beiden Schwestern hat er sich eine genommen und die andere nahm sich Gott.

Warum wurde Jesus gekreuzigt und nicht ertränkt?

Antwort: Sonst müsste heute in jeder Kirche anstatt des Kreuzes ein Aquarium stehen...

Warum gab Adam dem großen, grauen Rüsseltier den Namen „Elefant"?

Antwort: Weil es von allen Tieren noch am ehesten wie ein Elefant ausgesehen hat.

Warum sind auf einer katholischen Kirche rote und auf einer evangelischen Kirche schwarze Dachpfannen?

Antwort: Damit es nicht durchregnet.

LÄCHERLICHES

GEISTLICHES

Der Professor für Kirchengeschichte ist an der Universität zu Recht für seinen strengen Prüfungsstil gefürchtet. Bei der Prüfung bleibt der Kandidat auf die Frage nach bedeutenden Ereignissen im Jahr 1616 stumm.
„Und 1521?" – Wieder keine Antwort.
„Erasmus von Rotterdam?" – Abermals ist nichts zu hören.
„Katharina von Bora?" – Der Prüfling antwortet wieder nicht.
Ungeduldig fragt er: „1517?"
Nach einer Minute des Schweigens schreit der Professor schließlich gereizt: „Martin Luther!"
Darauf folgt endlich eine Reaktion:
der Prüfling steht auf und geht zur Tür.
„Wo gehen Sie denn jetzt hin?", fragt der Prüfer entnervt.
„Aber Sie haben doch gerade den Nächsten herein gerufen?!"

Pfarrer Meyer pflegt seine Predigt vom Manuskript abzulesen, das er eine halbe Stunde vor Beginn des Gottesdienstes auf die Kanzel legt.
Eines Sonntags entwendet ein junges freches Gemeindemitglied heimlich die letzte Seite. Was passiert?
Gerade liest der Pfarrer vor: „Und Adam sprach zu Eva...", da blättert er weiter, findet das letzte Blatt nicht, sucht durch das Manuskript und wiederholt, um Zeit zu gewinnen: „Und Adam sprach zu Eva..."
Plötzlich fügt er leise hinzu, aber über die Lautsprecher ist es bis in die letzte Bank deutlich zu vernehmen: "...da fehlt doch ein Blatt!"

Der Herr Pfarrer kommt kurz vor der Sonntagsmesse in die Kirche und sieht, wie der Küster am Altar mit Hilfe einer Stehleiter über einen Meter lange Kerzen entzündet. „Also wirklich", bemerkt Hochwürden genervt, „es kann ja sein, dass meine Predigten etwas länger dauern – aber – aber ersparen Sie sich solche Anspielungen!"

Henry Ford in einer Privat-Audienz beim Papst:
„Heiliger Vater, könnten Sie das PATER NOSTER nicht so ändern, dass da irgendwo das Wörtchen FORD vorkommt?"
Der Papst ist entrüstet: „Wo denken Sie hin?!"
„Oh, Heiliger Vater, nur ganz unauffällig... Sie können sich denken, ich bin da nicht knauserig..."
„Nein, das ist ein Ding der Unmöglichkeit!"
„Ich biete Ihnen 10 Millionen Dollar!"
Der Papst wird traurig: „Sie betrüben mich, mein Sohn."
„Dann," sagt Ford, „sagen Sie mir wenigstens, was Fiat für das FIAT VOLUNTAS TUA bezahlt hat."

Der Dorfpfarrer bricht mitten in seiner Predigt plötzlich ab und verharrt mit verklärtem Blick mehrere Minuten in tiefstem Schweigen. Die Kirchengemeinde wartet geduldig, bis er schließlich mit den Worten fortfährt: „Soeben hatte ich einen Erscheinung!"
Stolz darauf, dass ihr Pfarrer zu den Auserwählten gehört, denen eine Erscheinung zu Teil wird, fragt eine Frau nach Ende des Gottesdienstes: „Hochwürden, durch welche Erscheinung wurde denn Ihre Predigt unterbrochen?"
Der Pfarrer seufzt: „Durch eine Alters-Erscheinung!"

> **I**ch war auf der Beerdigung vom Papst.
> Sehr beliebt scheint er aber nicht gewesen zu sein.
> Ich war der einzige, der geklatscht hat.

Der Herr Bischof bekommt einen neuen Sekretär. Dieser muss ihn jeden Morgen mit den Worten wecken: „Guten Morgen Eminenz, es ist halb sieben Uhr, die Sonne scheint und ich bring die Zeitung".
Jeden Morgen das gleiche Spiel, kaum ist der Bischof aufgewacht, antwortet dieser: „Jawohl mein Sohn, der liebe Gott und ich, wir wissen das schon!".
So geht es eine ganze Zeit. Bis es dem Sekretär zu dumm wird. Er geht wieder in die Schlafkammer des Bischofs und sagt: „Guten Morgen Eminenz, es ist halb sieben Uhr, die Sonne scheint und ich bring die Zeitung". Der Bischof erwacht und sagt: „Jawohl mein Sohn, der liebe Gott und ich, wir wissen das schon."
Darauf antwortet der Sekretär:"Ha, gar nix wisst ihr, es ist halb zehn, es regnet wie aus Eimern und am Sonntag gibt´s gar keine Zeitung!"

Ein Geistlicher fragte während eines Sturmes den Steuermann: "Glaubst du, dass das Schiff in Gefahr ist?" Der Steuermann nickte bedenklich: "Hochwürden, wenn der Sturm nicht nachlässt, sind wir alle in einigen Stunden im Paradies." Der Kaplan schlug entsetzt ein Kreuz: "Gott bewahre uns davor!..."

Nachdem Bärbels Katze Junge bekommen hat, versucht das Mädchen, einen Platz für die kleinen Kätzchen zu finden.
„Im Pfarrhaus kannst du auch nachfragen, sicher gibt es auch dort Mäuse", schlägt die Mutter vor.
Bärbel schüttelt den Kopf: „Ich habe die Haushälterin gefragt, aber sie sagt, eine Katze kann sie im Pfarrhaus nicht halten, weil unser Herr Pfarrer einen Vogel hat!"

Der Kommentar des Gutachters zur theologischen Doktorarbeit eines Studenten:„Der einzige Zusammenhang, den der Inhalt dieses Werkes aufweisen kann, ist der Arbeit des Buchbinders zu verdanken!"

GEISTLICHES

„**Wir finden Gott in all den kleinen Dingen** seiner Schöpfung", predigt der Pfarrer bei der Sonntagsmesse, „jedes Blatt und jede Rosenblüte beinhalten die Worte einer ganzen Predigt!"
Als der Priester nach der Messe seiner Gartenarbeit nachgeht und die Rosenstöcke stutzt, kommt ein Gemeindemitglied vorbei: „Grüß Gott, Herr Pfarrer", erklingt es erfreut, „wie ich sehe, haben Sie beschlossen, ihre Predigten zu kürzen!"

Der Pfarrer und der Rabbi pflegen schon lange eine gute Nachbarschaft. Eines Tages arbeitet der Pfarrer an einer Predigt über die Nächstenliebe und beschließt spontan, selbst mit gutem Beispiel voran zu gehen. Am nächsten Morgen wäscht er heimlich den verschmutzten Wagen des Rabbi.
Als er am Abend in seinen Hof Lärm hört und nach draußen geht, sieht er den Rabbi, der den Auspuff des priesterlichen Autos abtrennt. Entgeistert stürzt er auf den Rabbi zu: „Was soll denn das?"
„Ach", antwortet dieser bescheiden, „da Du bereit warst, mein Auto zu taufen, soll Deines nun auch beschnitten werden!"

Frage ?

Warum gehen Bischöfe so ungern ins Schwimmbad?
Antwort:
Eine falsche Bewegung und alles ist Weihwasser...

Ein Pfarrer diskutiert mit einem Kollegen angeregt über Initiativen zur Aufhebung des Zölibats. „Meinen Sie, dass diese erfolgreich sein werden und wir noch erleben, dass das Zölibat wirklich abgeschafft wird?" Sein Kollege schüttelt nachdenklich den Kopf: „Wir wohl nicht mehr – aber vielleicht unsere Kinder!"

„**I**hr alle seid meine Schäfchen", erklärt der Herr Pfarrer den Kindern in der Religionsstunde, „also wer bin ich dann für euch?" Prompt ertönt es aus der letzten Reihe: „Unser Leithammel!"

MEDIZINISCHES

Der Psychater unterhält sich mit zwei neuen Patienten.
„Ich bin euer Arzt", stellt er sich vor.
„Und ich bin der Kaiser von China!"
Der Arzt: „Ach? Wie kommen Sie denn auf die Idee?"
„Das hat mir Gott gesagt!", antwortet der erste Patient überzeugt
Darauf der andere: „Nein, habe ich sicher nicht!"

Bei einer Abendgesellschaft kommt man auch auf die Vor- und Nachteile des Weines zu sprechen. Sagt ein alter, weißhaariger Herr: „Also, ich bin zutiefst überzeugt: Nur dem Wein, den ich täglich trinke, verdanke ich, dass ich 85 Jahre alt geworden bin. Sehen Sie, mein Bruder hat sein ganzes Leben nur Milch getrunken und ist schon nach einem Jahr gestorben."

Ein berühmter Internist untersucht gründlichst einen Pfarrer. „Ich glaube, Sie sind Alkoholiker. Wodurch sind Sie eigentlich zum Trinker geworden?"
Pfarrer: „Mein Arzt hat mich dazu gebracht!"
Internist: „Sie binden mir wohl einen Bären auf. Ein Arzt kann Ihnen dazu nie geraten haben."
Pfarrer: „Aber ja, Herr Professor. Er hat mir monatelang Tabletten verschrieben und mir immer strengstens eingeschärft, dass ich sie niemals in nüchternem Zustand einnehmen soll."

Angsterfüllt wendet sich eine Ordensschwester vor ihrer Operation an den Arzt: „Verstehen Sie, Herr Doktor, ich fürchte mich nur so schrecklich, weil ich noch nie operiert wurde. Diese Operation ist die erste für mich!"
„Glauben Sie mir", will der Chirurg sie beruhigen, „Ich verstehe Sie wirklich gut, es ist für mich auch die erste OP!"

Eine Schwesternschülerin hatte bei den Rekonvaleszenten Dienst zu tun. Ein frisch operierter Patient erzählt ihr, dass er beim Erwachen aus der Narkose gemeint habe, er sei tot.
Sie fragte ihn, wie er denn schließlich gemerkt habe, dass dem nicht so war. „Nun ja", sagte er, „ich machte eine Art Bestandsaufnahme. Meine Füße waren kalt wie Eis, und ich hatte die schlimmsten Kopfschmerzen meines Lebens. Im Himmel, das wusste ich, waren Kopfschmerzen undenkbar. Hätte ich mich aber an jenem anderen schrecklichen Ort befunden, so wären meine Füße alles andere als kalt gewesen. Also lebte ich."

Ein Mann liegt auf der Intensivstation, an tausend Schläuche angeschlossen. Besucht ihn ein Pfarrer. Plötzlich fängt der Mann zu keuchen an. Da er nicht sprechen kann, bittet er in Zeichensprache um einen Stift. Er kritzelt auf einen Zettel einen Satz und stirbt.
Der Pfarrer denkt sich: das geht mich nix an, und bringt den Zettel der Frau des Verstorbenen. Die liest und fällt in Ohnmacht.
Nimmt der Pfarrer den Zettel und liest: "Du Idiot, geh von meinem Schlauch runter!..."

MEDIZINISCHES

Eine mittelalte Frau hatte einen Herzanfall und wurde ins Krankenhaus gebracht.
Als sie auf dem Operationstisch lag, hatte sie eine ‚Todesnahe Erfahrung'. Sie sieht Gott und fragt ihn: „Ist mein Leben aus?"
Gott sagt: „Nein, du hast noch 43 Jahre, 2 Monate und 8 Tage zum Leben." Nach der Herzoperation entschied sich die Frau, im Krankhaus zu bleiben, um sich die Falten aus dem Gesicht entfernen zu lassen, sowie die Bauchfalten und Etliches mehr. Sie ließ sogar jemanden kommen, um ihr die Haare zu färben. Nachdem sie ja noch so lange zu leben hatte, wollte sie das beste daraus machen und so gut wie möglich aussehen.
Nach der letzten Operation wurde sie aus dem Krankenhaus entlassen. Als sie die Strasse überquerte, wurde sie von einem Auto zu Tode gefahren. Sie steht nun vor Gott und fragt enttäuscht: „Ich dachte, Du sagtest, ich hätte noch über 40 Jahre zu leben? Warum hast Du mich nicht gerettet?"
Gott antwortete: „Ich hab Dich nicht erkannt!"

Bei einer Theologievorlesung wird über das Kausalitätsprinzip diskutiert und der Professor fragt seine Studenten: „Können Sie mir ein Fallbeispiel sagen, bei dem sich dieses Prinzip von Ursache und Wirkung umkehrt?" Ratlosigkeit.
„Zum Beispiel folgt die Ursache der Wirkung", erläutert er den Studenten, „wenn ein Arzt dem Sarg seines Patienten folgt!"

DER KIRCHENWIRT SITZT BEIM ABENDESSEN
MIT EINEM GROSSEN GLAS WEIN VOR SICH.
SAGT SEINE FRAU: „DER DOKTOR HAT DIR DOCH STRIKT VERBOTEN,
BEIM ESSEN WEIN ZU TRINKEN!" – „
HAST RECHT, MEIN WEIB, TRAG HALT DAS ESSEN WIEDER AB."

Der Arzt ist nach der Untersuchung mit seinem Patienten sehr zufrieden und meint: „Und mit dem Sex klappt es doch sicher auch gut?"
Antwortet der Patient: „Na so dreimal in der Woche geht es schon…"
Arzt: „Was? Bei Ihrer Konstitution müsste es aber dreimal am Tag gehen."
Patient: "Ich tu ja mein bestes, aber als katholischer Priester auf dem Land ist das nicht so einfach."

MEDIZINISCHES

Ein Mann hat das Bein gebrochen und muss nun, „vom Herzen gesind", Wochen lang still liegen.
Der Pfarrer hält es in diesem Fall für angebracht, neben Bibel und Gebetbuch für Unterhaltung zu sorgen und bringt ihm einen Band „Fliegende Blätter" mit.
Als er nach einiger Zeit fragte, wie ihm das Buch gefalle, sagt der Mann: „Ach, Herr Pfarrer, wenn ich nicht gewusst hätte, dass es Gottes Wort ist" – weil´s vom Pfarrer kam – „ich hätte mich halb tot lachen mögen."

Eine Mutter geht mit ihrer kleinen Tochter zum Arzt. Im Sprechzimmer steht ein Skelett. Die Kleine will wissen, was das sei, und der Arzt erklärt ihr, das seien die Knochen von einem Menschen.
Nach einer Weil meint das Kind nachdenklich:
„Ach, dann kommt wohl bloß der Speck in den Himmel, Herr Doktor?"

Ich suche ein schönes Buch – für einen Kranken", sagte sie zu einem Buchhändler.
Er dachte nach. „Darf es vielleicht etwas Religiöses sein – oder geht es schon besser?"

Der Arzt wird dringend ins Kloster zu einem schwer erkrankten Mönch gerufen. Nach einer kurzen Untersuchung beruhigt er den besorgten Abt: „Gott sei Dank ist es nicht weiter schlimm, ich bin sicher, dass wir ihn innerhalb einer Woche wieder auf die Knie bringen."

Der Geistliche tröstet den Sterbenden mit der Versicherung, er werde droben seine Lieben wiedersehen.
„Meine Frau auch?" fragt der Sterbende matt.
„Ja", sagt der Geistliche mit Überzeugung, „auch Ihre Frau!"
„O Gott, o Gott", jammert da der Kranke, „dann geht der Streit da oben wieder los."
„O nein, mein Freund", ruft der Geistliche, „selbst Ihre Frau wird sich dort oben der himmlischen Ruhe und Verträglichkeit befleißigen."
„Oh, Herr Pfarrer", stöhnt der Kranke, „da kennen Sie aber meine Frau schlecht."

DER TELEFON-ANSAGETEXT LAUTET:

HALLO! SIE SPRECHEN MIT DER TELEFONSEELSORGE.
WENN SIE ZWANGHAFT SIND, DRÜCKEN SIE WIEDERHOLT DIE 1.
WIR WIEDERHOLEN: DRÜCKEN SIE WIEDERHOLT DIE 1.
WIR WIEDERHOLEN: DRÜCKEN SIE WIEDERHOLT DIE 1.

FALLS SIE KO-ABHÄNGIG SIND, BITTEN WIR JEMANDEN,
DASS ER FÜR SIE DIE 2 DRÜCKT.

FALLS SIE EINE MULTIPLE PERSÖNLICHKEIT HABEN,
DRÜCKEN SIE 3, 4, 5 UND 6.

FALLS SIE DEPRESSIV SIND: ES IST EGAL,
WELCHE NUMMER SIE DRÜCKEN,
ES HÖRT NIEMAND ZU UND NIEMAND WIRD ANTWORTEN.

FALLS SIE UNTER VERFOLGUNGSWAHN LEIDEN:
WIR WISSEN, WER SIE SIND UND WAS SIE WOLLEN!
BLEIBEN SIE AM TELEFON,
BIS WIR DIE LEITUNG ZURÜCK VERFOLGT UND
IHREN AUFENTHALTSORT IDENTIFIZIERT HABEN.

FALLS SIE SCHIZOPHREN SIND:
ACHTEN SIE SORGFÄLTIG AUF EINE STIMME.
DIE STIMME WIRD IHNEN SAGEN,
WELCHE NUMMER SIE ZU DRÜCKEN HABEN.

WENN SIE MANISCH ODER GRÖSSENWAHNSINNIG SIND, DANN
WÄHLEN SIE NULLEINSSIEBENNEUN
DREIEINSIG DREIEINSIG DREIEINSIG DREIST.
SPRECHEN SIE DANN MIT DEM VORSITZENDEN
DER DEUTSCHEN BISCHOFSKONFERENZ
ÜBER DAS WEITERE VORGEHEN.

FÜR EINE LISTE AUSGEBILDETER HYPNOTHERAPEUTEN SENDEN
SIE EINEN FRANKIERTEN RÜCKUMSCHLAG AN …

In der Hautklinik wird eine Patientin mit einer übelriechenden Salbe eingerieben. Der Chefarzt meint schmunzelnd zur Oberschwester: „Schwester, das ist der Geruch der Hölle!"
Lächelnd sagt die Schwester: „Nein, Herr Doktor, da riecht es viel schlimmer, nämlich nach Pech und Schwefel."
„Na, Schwester, viel schlimmer kann es da auch nicht riechen."
Resolut antwortet die Schwester: „Sie werden sich noch wundern, Herr Doktor!"

Meier liegt auf dem Operationstisch, und der Professor beruhigt ihn: „Sie bekommen jetzt eine kleine Narkose. Die Operation tut nicht weh und dauert nur einige Minuten."
Als Meier wieder aufwacht, stellt er erstaunt fest: „Ihnen ist ja ein Bart gewachsen, Herr Professor! War ich so lang bewusstlos?" –
„Was heißt Professor, ich bin Petrus!"

EWIGES

Die Emmentaler sind bekannt dafür, dass sie Feste richtig feiern können, besonders Hochzeiten. So kam es, dass ein Pfarrer und sein Messner auf einer Hochzeit zu viel vom guten Wein angeboten bekamen und nach der Feier im Straßengraben landeten. Nach einiger Zeit lallt der Messner: „Hochwürden, glauben Sie an die Auferstehung?" „Für die nächsten drei Stunden bestimmt nicht", tönt es zurück.

Zwei alte Damen sitzen im Bus auf dem Rückweg vom Zentralfriedhof. Plötzlich fängt die eine sich zuschminken an. Fragt die andere alte Dame: „Na, wie alt simma denn?" Die andere: „86" – „Na, do schminken sie sich noch?" Darauf die andere: „Und wie alt sind sie?" – „94!" „Und do fahrns noch nach Haus?"

„Tut mir leid", sagt Petrus zu dem Enddreißiger, „aber du musst schon eine gute Tat vorweisen, sonst kann ich dich hier leider nicht reinlassen." Nach kurzem Überlegen sagt der Mann: „Ich hab beobachtet, wie eine Gruppe Rocker einer alten Dame die Einkaufstasche wegnehmen wollte. Da bin ich hingegangen, hab das Motorrad des Anführers umgestoßen, ihm ins Gesicht gespuckt und seine Braut beleidigt..."
„Und wann war das?" – „Vor etwa drei Minuten."

Ein Mann hat in seiner Kindheit eine große Überschwemmungskatastrophe erlebt. Sein Leben lang erzählt er von dieser großen Flut, und seine Verwandten und Freunde können dieses Thema nicht mehr hören. Er stirbt schließlich und kommt in den Himmel.
Petrus begrüßt ihn und macht klar, dass er im Paradies tun könne, was immer sein Herz begehre. Der Mann äußert gleich seinen Wunsch: einen Vortrag halten über die große Überschwemmung.
Alles ist schließlich arrangiert und er große Saal gefüllt. Kurz vor Beginn des Vortrags steckt Petrus unserem Mann einen kleinen Zettel zu, auf dem geschrieben steht: „Ganz im Vertrauen – Noah ist im Saal."
Dem Vernehmen nach soll sich dies unmittelbar vor einer neuerlichen Reinkarnation zugetragen haben, und der Reinkarnierte soll im späteren Leben seine Eltern mit hartnäckigem Bettnässen schier zur Verzweiflung gebracht haben.

Ein weiser Rabbi pflegte zu seinen Schülern zu sagen: „Ein früher Tod ist kein Unglück, und am besten dran ist einer, der nie geboren ist. Aber das passiert unter Tausenden höchstens einem"

Der Pfarrer sagte in seiner Sonntagspredigt: „Fast jeder möchte gern in den Himmel kommen, nur leben viele in der Hoffnung, dass bis zu ihrem Tod die Aufnahmebedingungen noch erleichtert werden."

Im Krankenhaus murmelt ein Kranker im Koma: „Bin ich schon im Paradies?" Seine Frau an seinem Bett redet ihm gut zu: „Aber nein, lieber Mann, ich bin doch noch da!"

Eine Christin, die beruflich viel reisen musste, war deshalb viel mit dem Flugzeug unterwegs. Aber das Fliegen machte sie nervös, deshalb nahm sie immer ihre Bibel mit, um darin zu lesen, was ihr half, sich zu entspannen. Einmal saß sie neben einem Mann. Als er sah, dass sie eine Bibel aus der Tasche zog, lächelte er etwas spöttisch und wandte sich wieder ab.
Nach einer Weile drehte er sich zu ihr und fragte: „Sie glauben doch nicht im Ernst all das Zeug, das in der Bibel steht?"
Die Frau antwortete: „Doch, natürlich. Es ist schließlich die Bibel."
Er sagte: „Nun, was ist mit dem Typen, der von einem Wal verschluckt wurde?"
Sie antwortete: „Oh, Jona. Ja, ich glaube das, es steht in der Bibel."
Er fragte: „Gut, was meinen Sie, wie er die ganze Zeit im Wal überleben konnte?"
Die Frau sagte: „Nun, das weiß ich nicht. Aber ich denke, ich werde ihn fragen, wenn ich im Himmel bin."
„Was, wenn er nicht im Himmel ist?" fragte der Mann sarkastisch.
„Dann können Sie ihn fragen", antwortete die Frau.

Durch Zufall sterben Clinton und der Papst gleichzeitig. Der Papst kommt in die Hölle und Clinton in den Himmel. Da geht der Papst zum Teufel und meint: Hey, das muss eine Verwechslung sein, ich bin doch der Papst. Ach je, das kann sein, sagt der Teufel, da hinten ist die Rolltreppe, mit der geht es nach oben. Der Papst rollt gen Himmel und auf halbem Weg kommt ihm Clinton entgegen. Ja, tut mir ja leid Clinton, aber ich muss doch hoch, zur Jungfrau Maria. Clinton: Ups.

Nach der Beerdigung des reichsten Bauern weit und breit kondoliert Hochwürden den Angehörigen, als er einen Mann bemerkt, der ganz besonders erschüttert scheint und bitterlich schluchzt.
„War der Verstorbene denn ein enger Verwandter von Ihnen?", fragt er mitfühlend.
Der Mann schüttelt weinend den Kopf: „Eben nicht!"

Ein geiziger, alter Mann liegt im Sterben. Er lässt nach dem Lehrer, dem Bürgermeister und dem Pfarrer rufen, um ihnen seinen letzten Wunsch zu verkünden: „Ich möchte meinen Reichtum mit ins Grab nehmen. Jeder von euch bekommt ein Kuvert mit 100.000 Euro und ihr müsst mir schwören, mir die Umschläge mit dem Geld ins Grab nachzuwerfen."
Der Lehrer, der Bürgermeister und der Pfarrer versprechen das hoch und heilig und treffen einander kaum eine Woche später beim Begräbnis des Geizhalses wieder, wo jeder seinen Umschlag auf den Sarg im Grab wirft. Nach den Begräbnisfeierlichkeiten kommt der Lehrer zum Bürgermeister und zum Pfarrer und gesteht leise: „Ich habe ein schlechtes Gewissen – ich habe nur 90.000 Euro ins Grab geworfen – ich habe den Rest für das neue Dach unserer Schule verwendet."
„Ja, und ich", murmelt der Bürgermeister reuig, „ich habe mir für die neue Heizung im Rathaus 20.000 Euro aus dem Umschlag genommen."
„Also wirklich", schüttelt der Pfarrer vorwurfsvoll den Kopf, „das hätte ich von euch nicht gedacht! Ich selbst habe den ganzen Betrag aus dem Umschlag genommen – und dafür selbstverständlich sofort einen Scheck über 100.000 Euro in das Kuvert getan!"

Hugo liegt nach der Weihnachtsfeier betrunken im Straßengraben. Ein vorbeikommender Pfarrer glaubt, er habe einen Sterbenden vor sich, und fragt:
„Mein Sohn, wünschst du die letzte Ölung?"
Lallt Hugo: „Um Himmels willen, jetzt bloß nichts Fettiges!"

Ein evangelischer Pfarrer kommt in den Himmel.
Zur besseren Fortbewegung und für seine treuen Dienste im Namen des Herrn übergibt ihm Petrus einen VW Käfer. Hocherfreut fährt er los, den Himmel zu erkunden. Plötzlich sieht er seinen alten katholischen Kollegen -- in einem Benz!!! Sofort fährt er zurück zu Petrus und fragt, was das soll.
Darauf Petrus: „Das musst Du schon verstehen, er hatte es nicht leicht, der Zölibat und so..." – „OK, OK... ich seh's ja ein..."
Unser Freund begibt sich also wieder auf Erkundungsfahrt.
Auf einmal begegnet ihm ein Rabbiner – im Rolls Royce!!! Sofort fährt er wieder zurück, will sich lauthals beschweren, ein Rabbi hat schließlich keinen Zölibat und auch sonst kein allzu hartes Priesterleben.
Darauf Petrus warnend: „Pssssst!!! Blutsverwandter vom Chef!!!"

„**I**hr seid ja eigentlich noch gar nicht dran!", begrüßt Petrus verwundert ein junges Ehepaar an der Himmelstür, „Was ist denn da passiert?" „Autounfall!", antwortet der junge Ehemann resigniert, „meine Frau hat gemeint: ‚Wenn du ein Engel sein willst, dann lass mich doch mal fahren!'"

Ein Mann kommt in den Himmel. Petrus zeigt ihm gerade die ganze Anlage. Im Hintergrund läuft ein Mann im weißen Kittel und Stethoskop vorbei.
Der Neuankömmling wundert sich: „Gibt es hier auch Ärzte?" Petrus verneint und sagt: „Das ist Gott. Alle paar Wochen überkommt es ihn, und dann spielt er Arzt."

Drei Nonnen klopfen an der Himmelstür.
Petrus macht auf. „Hm, bevor ihr in den Himmel könnt, muss mir noch jede von Euch eine Frage beantworten:
Wer war der erste Mann auf Erden?"
„Das war Adam."
„Richtig, Du darfst rein. Wer war die erste Frau auf Erden?"
„Das muss Eva gewesen sein."
„Ok, komm auch rein. Was sagte Eva, als sie zum ersten Mal auf Adam traf?"
„Uh, das ist jetzt aber hart..." Richtig, komm rein.

Verzweifelt kommt der Huber-Bauer zum Herrn Pfarrer:
„Hochwürden, ich habe einen fürchterlichen Verdacht!"
„Was ist denn geschehen?", erkundigt sich der Pfarrer.
„Ich bin mir sicher, meine Frau will mich vergiften!"
„Aber nein", schüttelt der Pfarrer den Kopf, „das kann ich nicht glauben!"
Doch der Mann ist von seiner Überzeugung nicht abzubringen. Der Pfarrer verspricht schließlich, mit der Huber-Bäuerin ein Gespräch zu führen und sich zu bemühen, Näheres herauszufinden.
Zwei Tage später erhält der Pfarrer einen Anruf vom Bauer Huber, der sich nach dem Stand der Dinge erkundigt.
„Also, ich habe mit deiner Frau gesprochen", erklärt Hochwürden, „und nach diesem Gespräch kann ich dir nur einen Rat geben, mein Sohn."
„Ja, Herr Pfarrer? Was soll ich tun?"
„Das Gift nehmen!"

Ein Geschäftsmann stirbt und findet sich an der Höllentür wieder. Mit Schaudern klopft er an. Die Tür öffnet sich, und ein sehr fein gekleideter Herr im Versace-Anzug steht vor ihm.

Der Frischverstorbene wundert sich sehr. „Das kann doch wohl nicht die Hölle sein!?", denkt er sich. Er betrachtet sich den feinen Herrn im Versace-Anzug näher und entdeckt den Pferdefuß und die Hörner am Kopf. Also muss es sich doch wohl um den Teufel handeln. Der Teufel ist sehr höflich und freundlich und bietet dem Neuankömmling zuerst einen Begrüßungstrunk an. „Vielleicht ein kleiner Likör oder ein Champagner?", bietet er an.

Der Neuankömmling ist misstrauisch. „Irgendetwas stimmt hier nicht", denkt er sich, „das kann ja wohl nicht die Hölle sein."

Nach dem Begrüßungstrunk schlägt der Teufel vor, zuerst mal schön Essen zu gehen. Es gäbe verschiedene Möglichkeiten: Französisch, Thailändisch, Italienisch, Japanisch – natürlich alles auf Gourmetniveau. Die Entscheidung fällt zugunsten des französischen Restaurants. Das Essen ist wirklich exquisit.

Dem Teufel fällt auf, dass sein neuer Höllenbewohner immer wieder bewundernd auf den eleganten Versace-Anzug schielt. Der Teufel greift dies auf und sagt: „Also, bevor ich Ihnen die neue Wohnung anweise, können wir auch gerne zuerst die Boutiquen besuchen und Sie neu einkleiden. Wir haben hier alles, was Sie wollen: Armani, Versace, Joop." Der Mann bleibt irgendwie misstrauisch und sagt sich: „Irgendetwas stimmt hier nicht. Das dicke Ende kommt bestimmt noch. Das kann ja nicht die Hölle sein." Er bekommt jedoch alles, was er sich wünscht, sogar den Joop-Anzug, der ihn schon immer gereizt hatte.

Schließlich kommt der Teufel auf das Thema Wohnung zu sprechen: „Wir haben momentan frei: Einliegerwohnungen, Zwei-Zimmer-Appartements, einige wenige Häuser und Villen, oder vielleicht würde Ihnen auch eine Penthouse-Wohnung gefallen?" – „Ein Penthouse wäre ein alter Traum von mir", sagt der neue Höllenbewohner. „Sehr gerne. Kein Problem", erwidert der Teufel höflich, „wir müssen da nur einige hundert Meter darüber gehen zu den Hochhäusern, dort hat es die besten Lagen." Der Mann ist immer noch misstrauisch. Irgendwie kann das in der Hölle so nicht weitergehen. Auf dem Weg zu seiner neuen Penthouse-Wohnung kommen sie an einem frisch umgepflügten Feld vorbei. Mehrere Personen sind dort bis zum Hals eingegraben, jammern schrecklich und stecken verzweifelt ihre verdrehten Arme in die Luft. „Aha", denkt sich der Mann, „ich habe es mir doch gedacht, dass..."

Der Teufel sieht den misstrauisch-skeptischen Blick seines neuen Schützlings und sagt: „Das braucht Sie nicht zu kümmern. Das ist nur für die Katholiken. Die brauchen das so."

Ein Anwalt kam nach einer erfolgreichen und ehrlichen Karriere an die Himmelspforte, gleichzeitig mit dem Papst. Petrus grüßte zuerst den Papst und begleitete ihn zu seiner neuen Wohnung: der Raum war klein und schäbig, ähnlich einem drittklassigen Autobahnmotel.
Danach wurde der Anwalt zu seinem Quartier gebracht: Eine palastähnliche Anlage mit Swimming-Pool, einem Park und Garten, und eine Terrasse mit malerischer Sicht auf die Himmelspforte.
Der Anwalt war irgendwie ein bisschen überrascht und sagte zu Petrus: „Ich find' es sehr eigenartig, wenn ich diese meine Stätte betrachte, nachdem ich gesehen habe, wie billig selbst der Papst untergebracht worden ist."
Da antwortete Petrus: „Ach, weißt du, wir haben hier oben gut hundert dieser Päpste und ehrlich gesagt, langweilen sie uns langsam ziemlich – aber wir hatten noch nie einen Anwalt!"

Und wo wir gerade dabei sind, einen für Theologen:
Karl Barth kommt in den Himmel. (Für Nicht-Theologen: Das ist so ein bekannter evangelischer Theologe der es mit der Dogmatik hatte...) Petrus begrüßt ihn freundlich, meint aber: „Also, wir wollen Dich hier schon reinlassen, aber vorher müssen wir Dich erstmal prüfen, ob Du das auch alles verstanden hast, was Du da unten so verzapft hast, mit der Dogmatik etc." Schickt ihn dann also in so einen Nebenraum, wo Gott, Jesus und der Heilige Geist schon warten. Die Tür geht zu und Petrus wartet draußen. Eine Stunde vergeht, zwei Stunden, drei Stunden. Petrus wird schon langsam nervös. Sieben Stunden später springt dann endlich die Tür auf, Jesus stürzt heraus, völlig fertig.
Petrus fragt ihn: „Na, was ist, warum hat es so lange gedauert, ist er durchgefallen?" Jesus: „Karl Barth? Nein, der nicht, aber der Heilige Geist!"

Im wilden Westen will sich ein Wanderprediger einen Gaul kaufen,
um die Wilden zu missionieren. Er geht zu einem Pferdehändler und schildert ihm seinen Fall. Da meint der Verkäufer: „Da haben wir ein Pferd, ideal, wie für sie gemacht. Auf das Kommando „Gott sei Dank" läuft es los, bei „Amen" bleibt es wieder steh'n." Der Prediger ist ganz begeistert und macht gleich einen Probeeritt: „Gott sei Dank." Das Pferd läuft los. Aus der Stadt raus und über die Prärie geht alles gut, bis das Pferd genau auf eine Schlucht zu galoppiert. Der Priester hat das Kommando zum Anhalten längst vergessen, er zerrt am Zügel, probiert alles, nichts hilft. In letzter Verzweiflung fängt er an zu beten: „Vater unser im Himmel,... Dein Wille geschehe – Amen."
Das Pferd hält beim „Amen" an, genau einen Meter vor der Schlucht.
Der Priester wischt sich den Angstschweiß von der Stirn: „Gott sei Dank."

Der Papst, Kardinal Meißner (vom Erzbistum Köln) und Drewermann (Kirchenkritiker und ehem. Pfarrer) kommen in den Himmel.
Petrus öffnet die Tür: „Hallo zusammen, ich lasse Euch ja gerne rein, aber erst müsst Ihr noch bei unserem Vorstand vorstellig werden!"
Die drei nicken zustimmend. Erst geht der Papst in das Zimmer. Drin sitzen Gott, Jesus und der heilige Geist. Nach einer Stunde kommt der Papst wieder raus. „Na, wie war's?" – „Naja", meint der Papst, „ich muss nochmal runter auf die Erde, ich habe etwas verkehrt gemacht."– und verschwand.
Danach geht Kardinal Meißner rein. Nach 3 Stunden kommt er wieder raus. Petrus und Drewermann fragen wiederum: „Na, wie war's?" – „Naja", sagt Meißner, "ich muss nochmal runter auf die Erde, ich habe etwas verkehrt gemacht..." – und verschwand.
Zu guter Letzt geht Drewermann rein, Petrus wartet noch auf ihn.
Es vergehen 2 Stunden, 3 Stunden,...
Nach 6 Stunden kommt Jesus aus dem Zimmer geschossen.
Petrus fragt: „Was machst Du denn hier?" –
„Naja", sagt Jesus, „ich muss nochmal runter auf die Erde..."

Ein Rennfahrer kommt in den Himmel,

wird dort belehrt und kann fortan mit seiner Wolke umherfahren.
Er hat zwar eigens eine Rennwolke bekommen die Verkehrsregeln im Himmel besagen aber eine grundsätzliche Geschwindigkeitsbegrenzung von 30 km/h. So tuckert er auf seiner Wolke mit 30 km/h hin und her.
Auf einmal hört er von hinten ein Dröhnen und im Nu überholt Ihn eine Wolke mit mindestens 200 Sachen.
Er beschwert sich bei Petrus. Dieser fragt Ihn: „Hast Du dir das Kennzeichen gemerkt?"
Er: „Nein das war so überraschend…".
„Hm" sagte Petrus: „Dann können wir nichts unternehmen".
So tuckert er wieder mit 30 km/h durch den Himmel. Da hört er wieder das Dröhnen und im Vorbeidüsen der Wolke merkt er sich das Kennzeichen.
Er geht wieder zu Petrus und beschwert sich erneut.
Petrus: „Hast Du das Kennzeichen?"
Er ganz stolz: „Ja natürlich, das Kenzeichen lautete – I N R I –
Petrus: Das ist jetzt schlecht, da können wir nichts machen, das ist dem Chef sein Junge.

HIMMELSREISE AUF GRAHAMS WEISE

UNTERKUNFT
Arrangements für den Aufenthalt in der Ersten Klasse wurden bereits im Voraus getroffen.
„Im Hause meines Vaters sind viele Wohnungen. Ich gehe hin und bereit euch eine Wohnung."(Joh. 14,2)

PÄSSE
Einreisende erhalten ohne gültigen Ausweis und namentliche Registrierung bei den Behörden keine Einreisebewilligung.
„Es wird aber nichts Unreines hineingehen, niemand, der Böses tut oder der Lüge dient, niemand, der nicht im Buch des Christus verzeichnet steht, im Buch des Lebens."(Offbg. 21,17)

ABFAHRT
Der genaue Termin der Abreise wird nicht bekanntgegeben. Die Reisenden werden gebeten, sich zum sofortigen Abruf bereitzuhalten.
„Es ist nicht eure Sache, Gottes Pläne zu kennen und Zeit oder Stunde zu wissen, die Gott bestimmt. Gott ist frei."(Apg. 1,7)

FAHRKARTEN
Ihr Ticket ist ein schriftliches Dokument, das für Ihre Reise bürgt. Sie sollten sich darauf verlassen und seine Versicherungsleistungen ernst nehmen.
„Wer mein Wort hört und glaubt, dass es das Wort dessen ist, der mich gesandt hat, der hat – schon jetzt – ewiges Leben. Niemand wird ihn vor Gottes Gericht verklagen, er ist – schon heute – aus dem Tod ins wirkliche Leben hinübergeschritten."

ZOLL
Wenn Sie den Zoll passieren, brauchen Sie nur eine Zollerklärung.
„Liebe Brüder, ich brauche euch nur zu erinnern. Ich habe euch einmal alles erklärt und gezeigt und gedeutet, das ganze Evangelium ... dass Christus für unsere Sünden gestorben ist, dass er begraben worden ist und am dritten Tag wieder vom Tod auferstanden ist, wie die Propheten ankündigten. (1. Kor. 15,1.3+14)

SCHUTZIMPFUNG
Injektionen sind nicht nötig, da es an dem Bestimmungsort keine Krankheiten gibt.
„Er wird alle Tränen aus ihren Augen wischen, es wird keinen Tod mehr geben, kein Leid, keine Klage, keinen Schmerz, denn alles, was bisher war, ist vergangen."
(Offbg. 21,4)

WÄHRUNG
Größere Summen können vorausgeschickt werden, die bei der Ankunft auf den Reisenden warten. Die Deponierungen sollten so groß wie möglich sein.
„Sammelt euch einen Besitz bei Gott, wo ihn weder Motte noch Wurmfraß zerstört und keine Diebe nachgraben, um ihn zu stehlen. (Matth. 6,20)

BEKLEIDUNG
Für jeden Reisenden wird eine komplette und angemessene Garderobe bereitgestellt.
„Er hat mich angezogen mit Kleidern des Heils und mit dem Rock der Gerechtigkeit gekleidet. (Jes. 61,10)

{>Entscheidung< VII/VIII, 1974 (Billy Graham)}
(Erklärung: Billy Graham ist ein amerikanischer Erweckungsprediger gewesen)

EWIGES

Impressum:
Kurt Rainer Klein (Herausgeber)
Karikaturen: Klaus Geiß
...denn Ihr werdet lachen - Witze über Gott und die Welt
© 2019 www.neuesbuch.de
Alle Rechte vorbehalten, Wiedergabe, auch auszugsweise,
nur mit Genehmigung des Verlages.
ISBN 978-3-86392-087-6
Best.-Nr.: 590